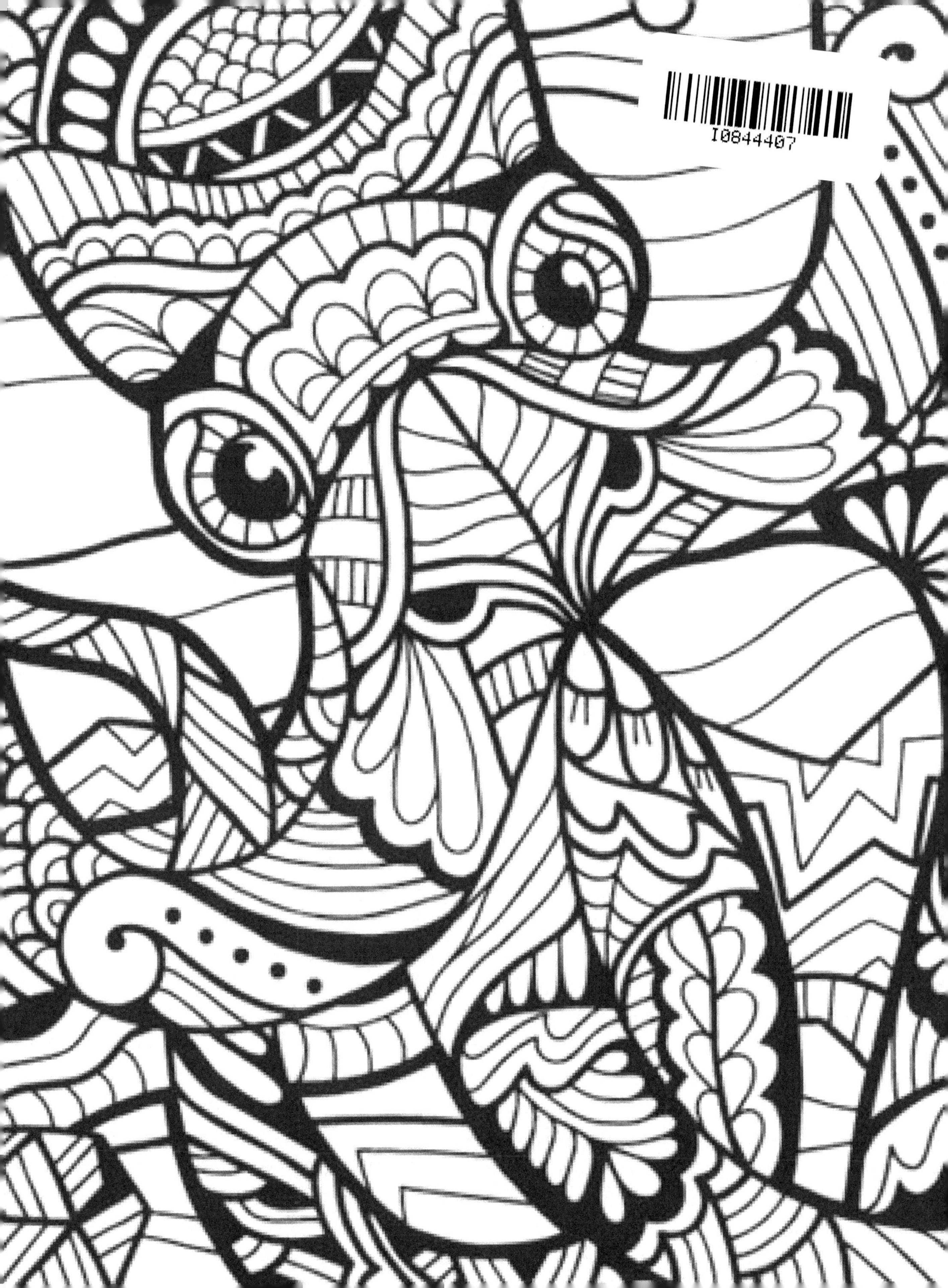
I0844407

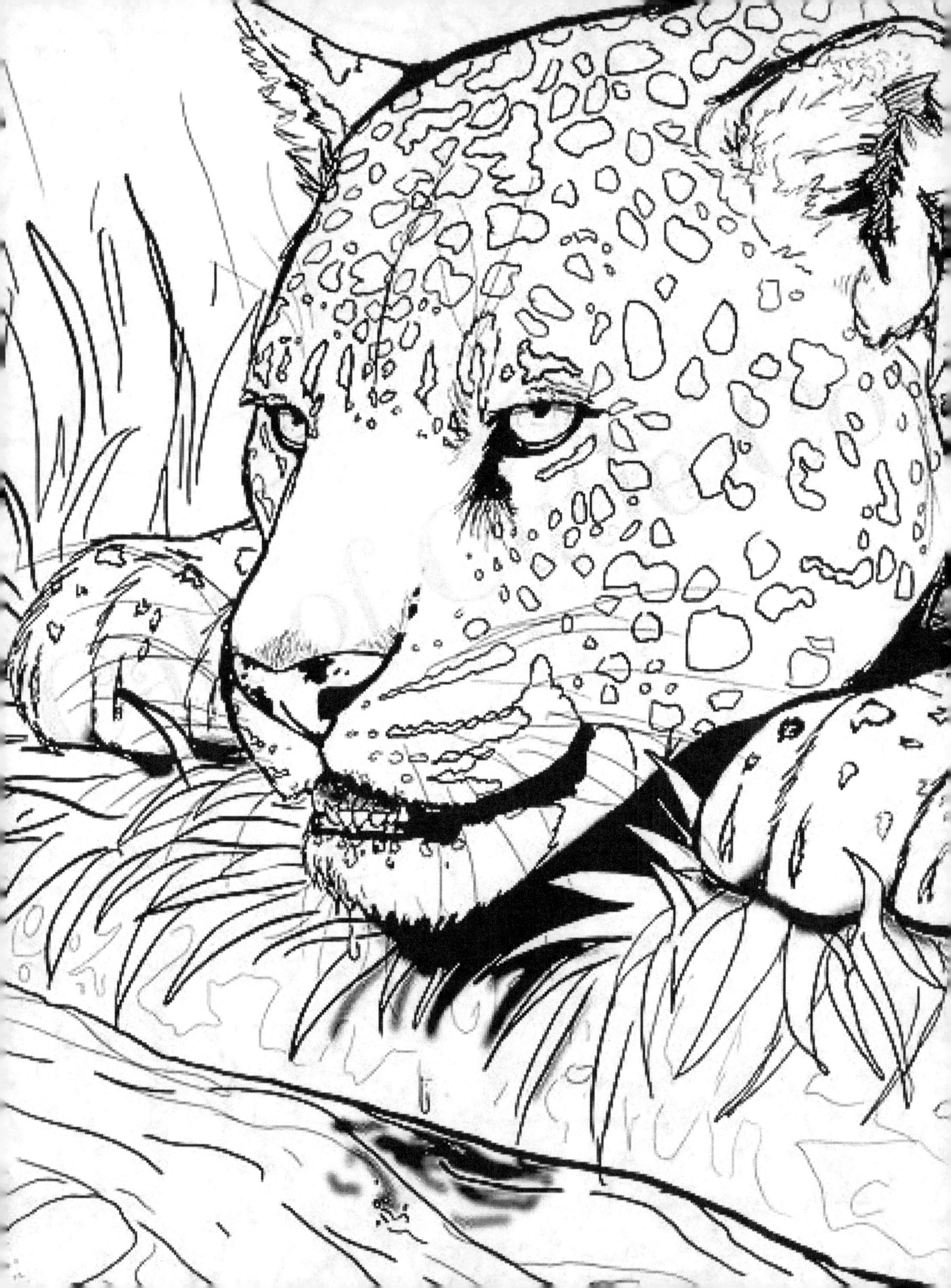

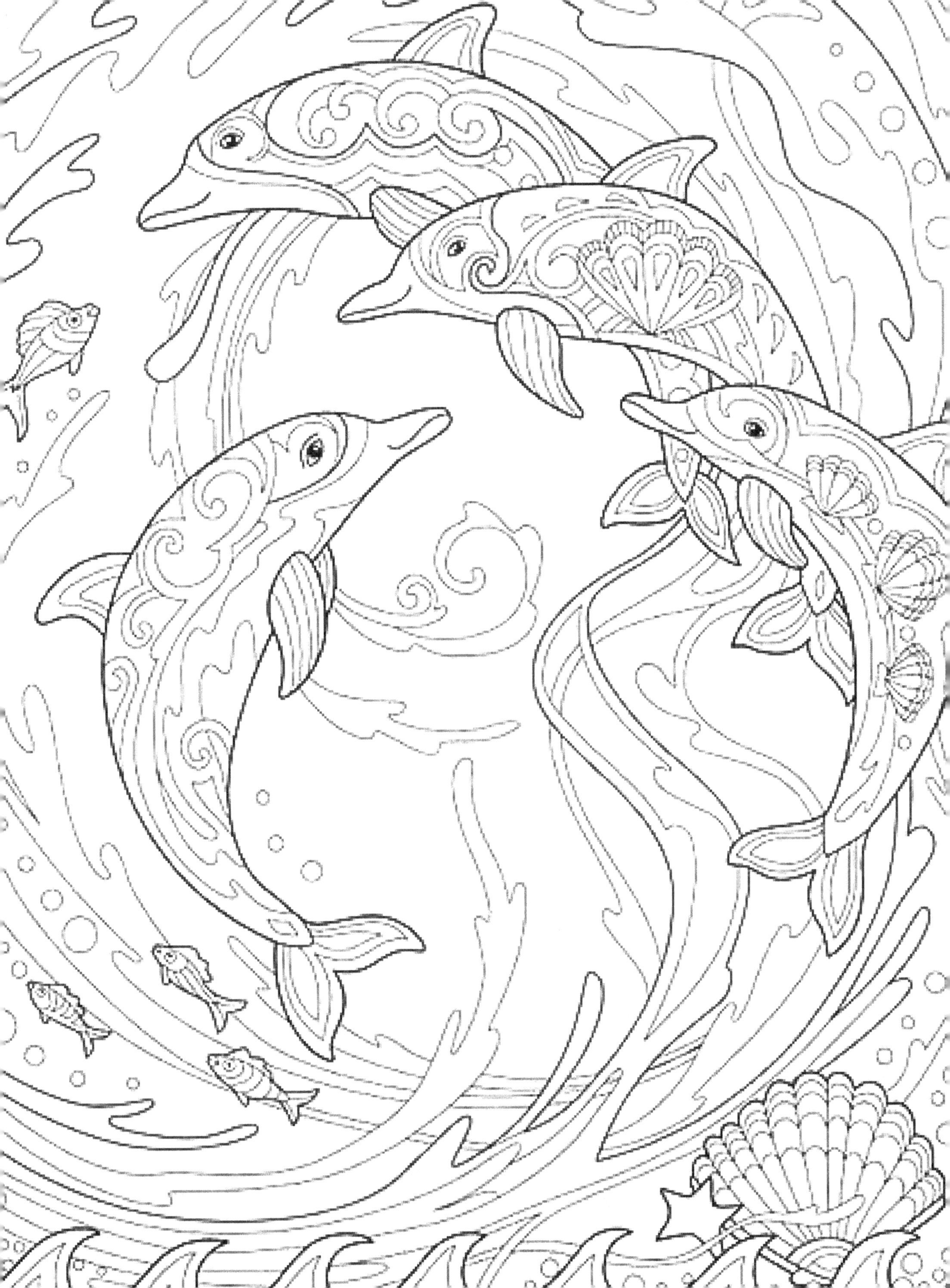

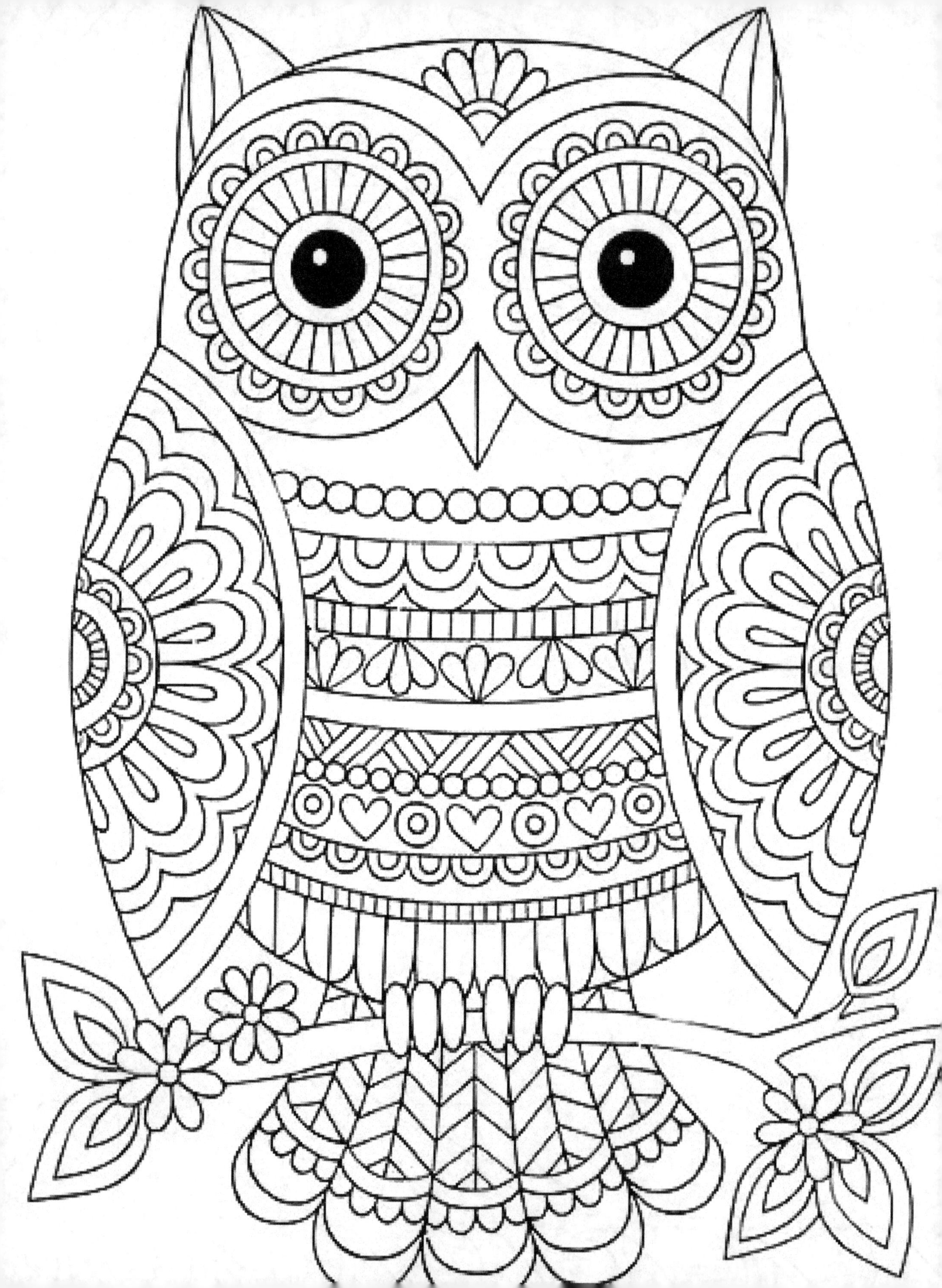

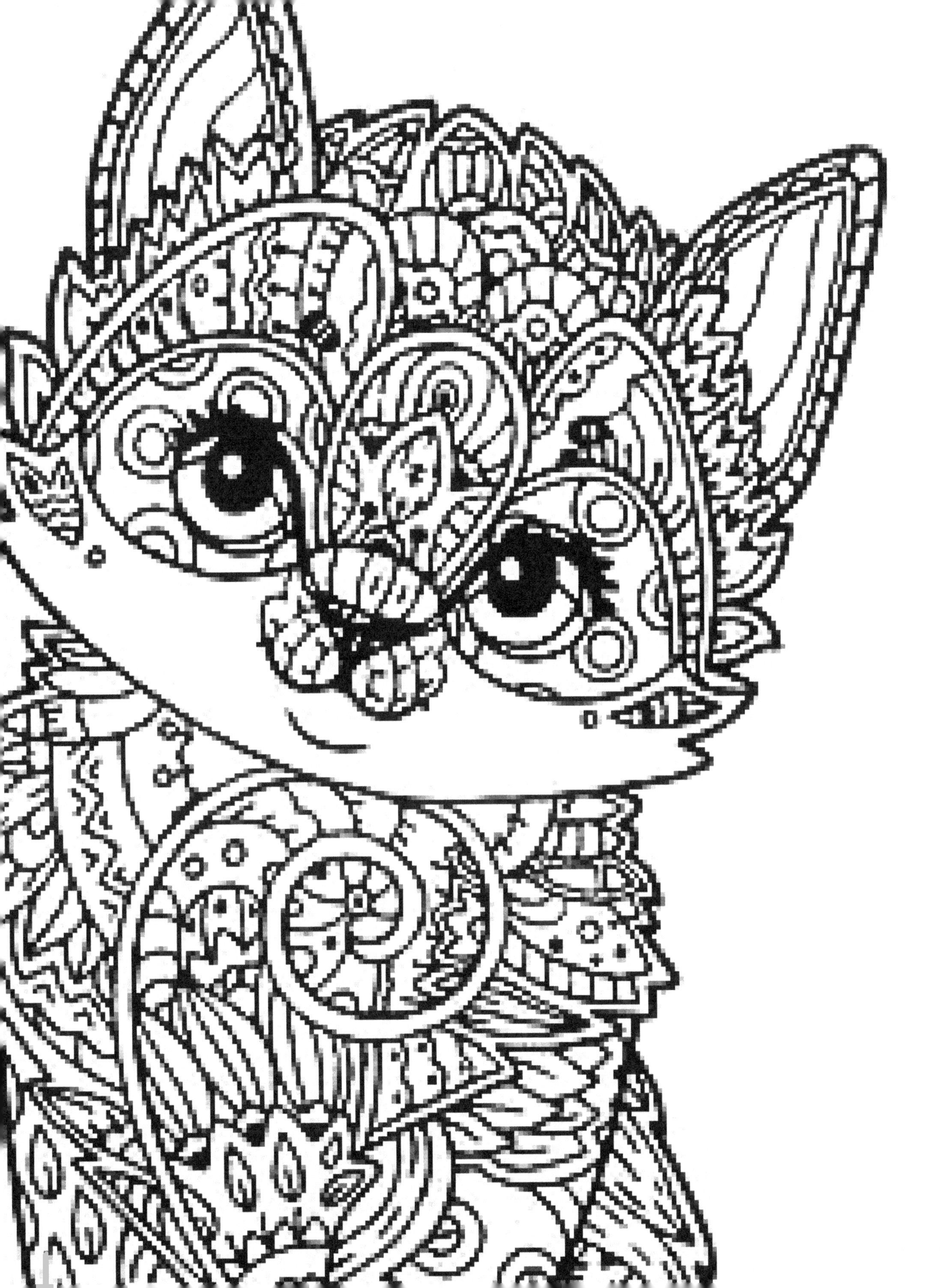

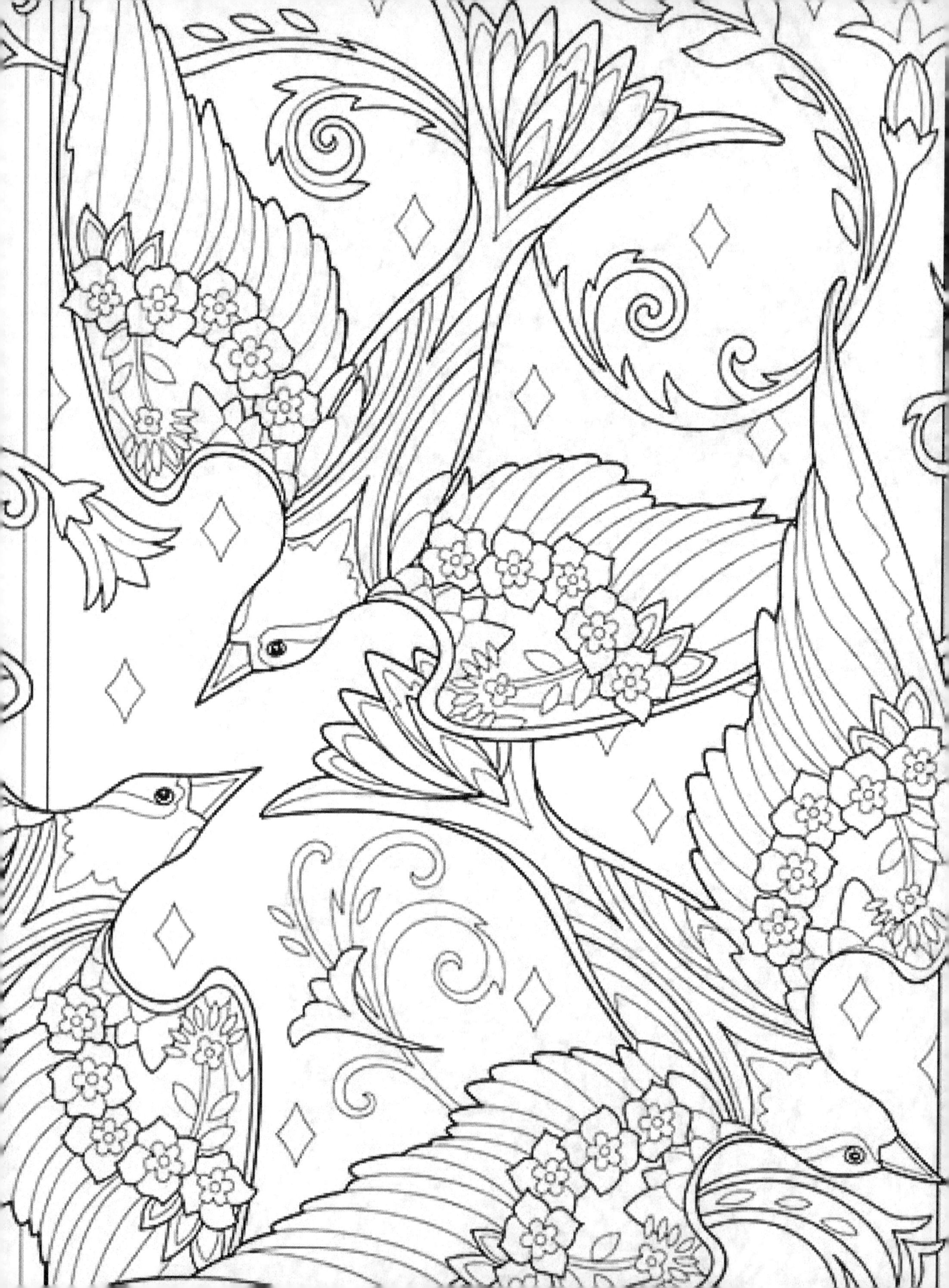

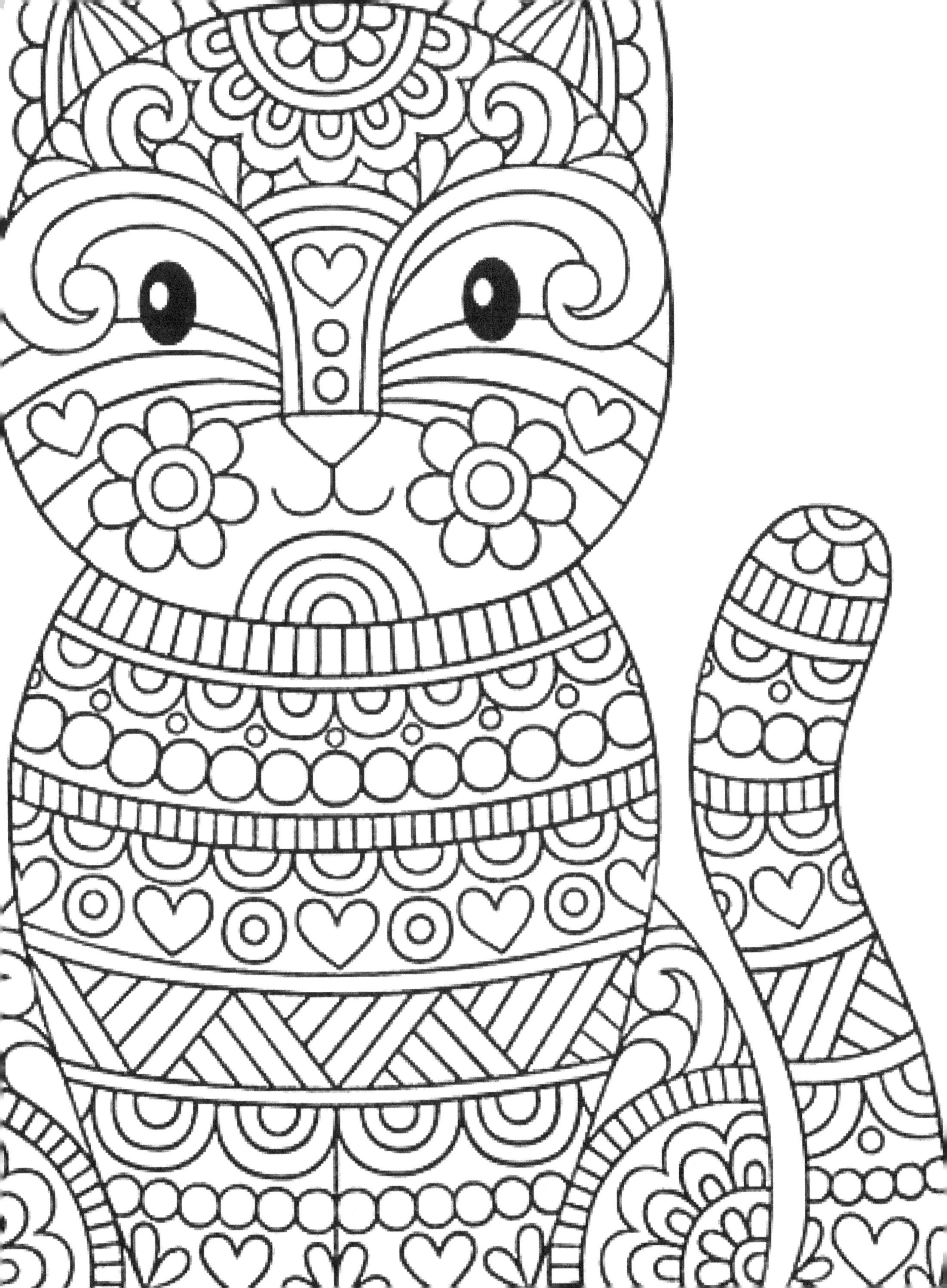

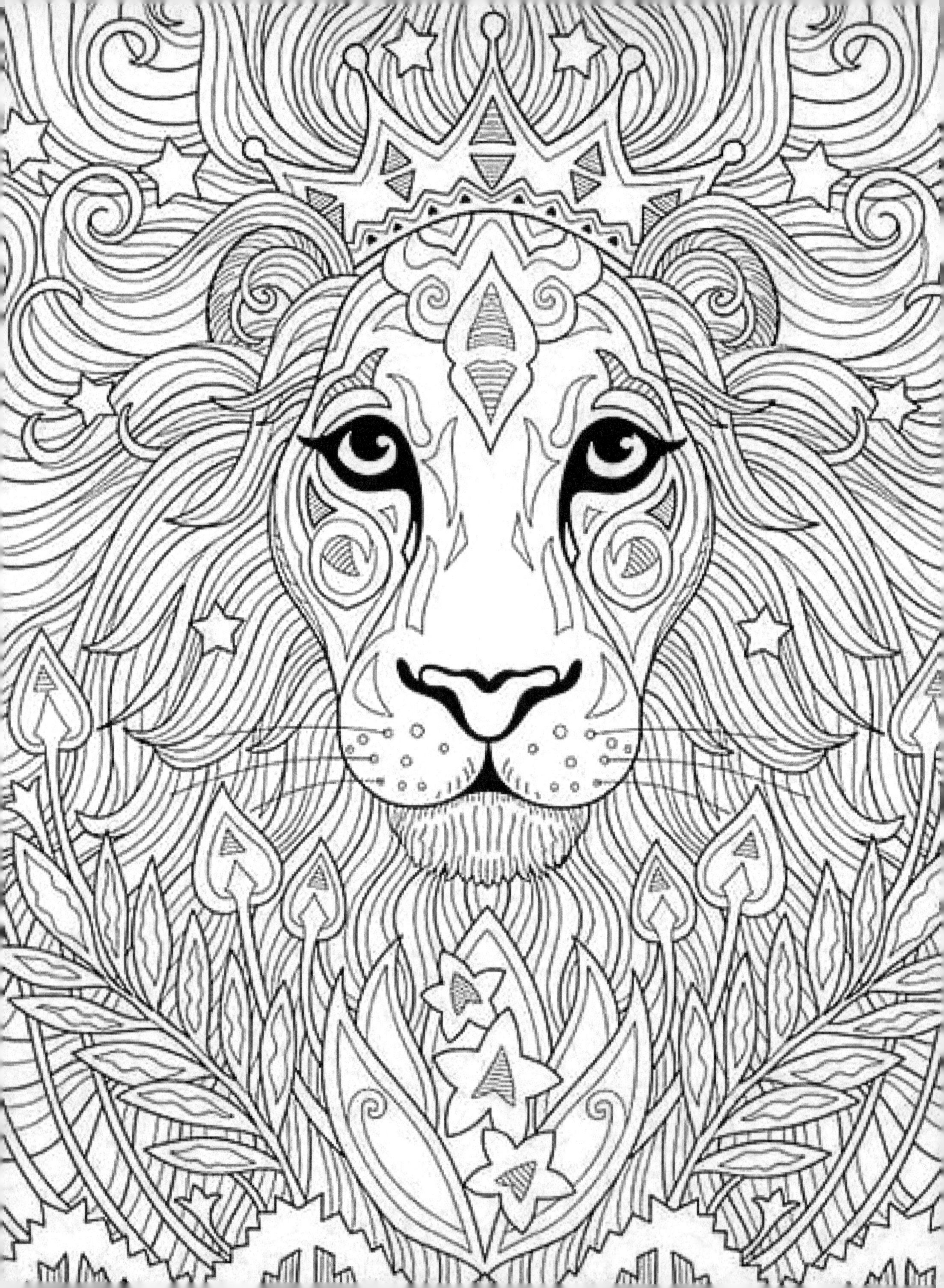

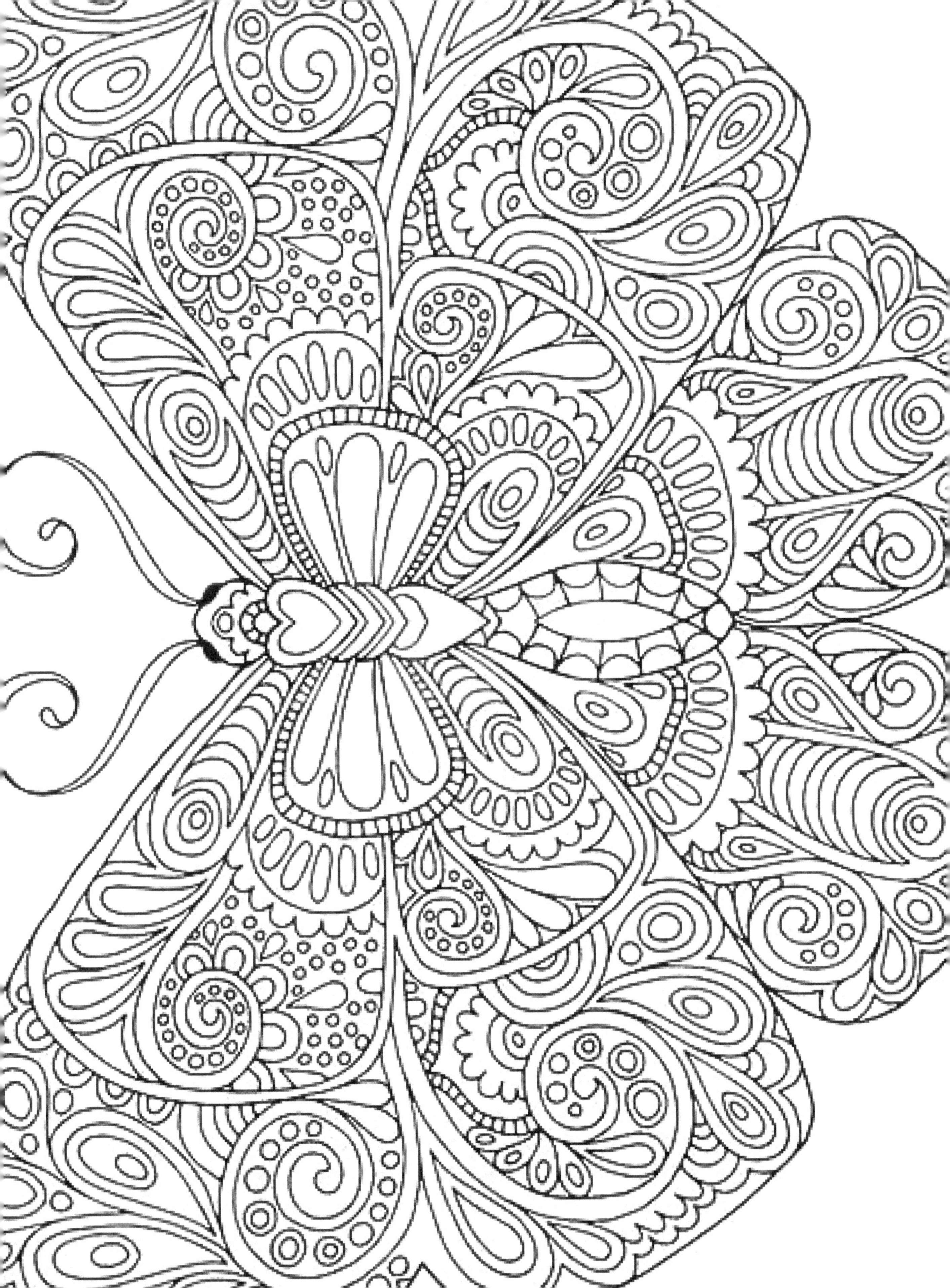

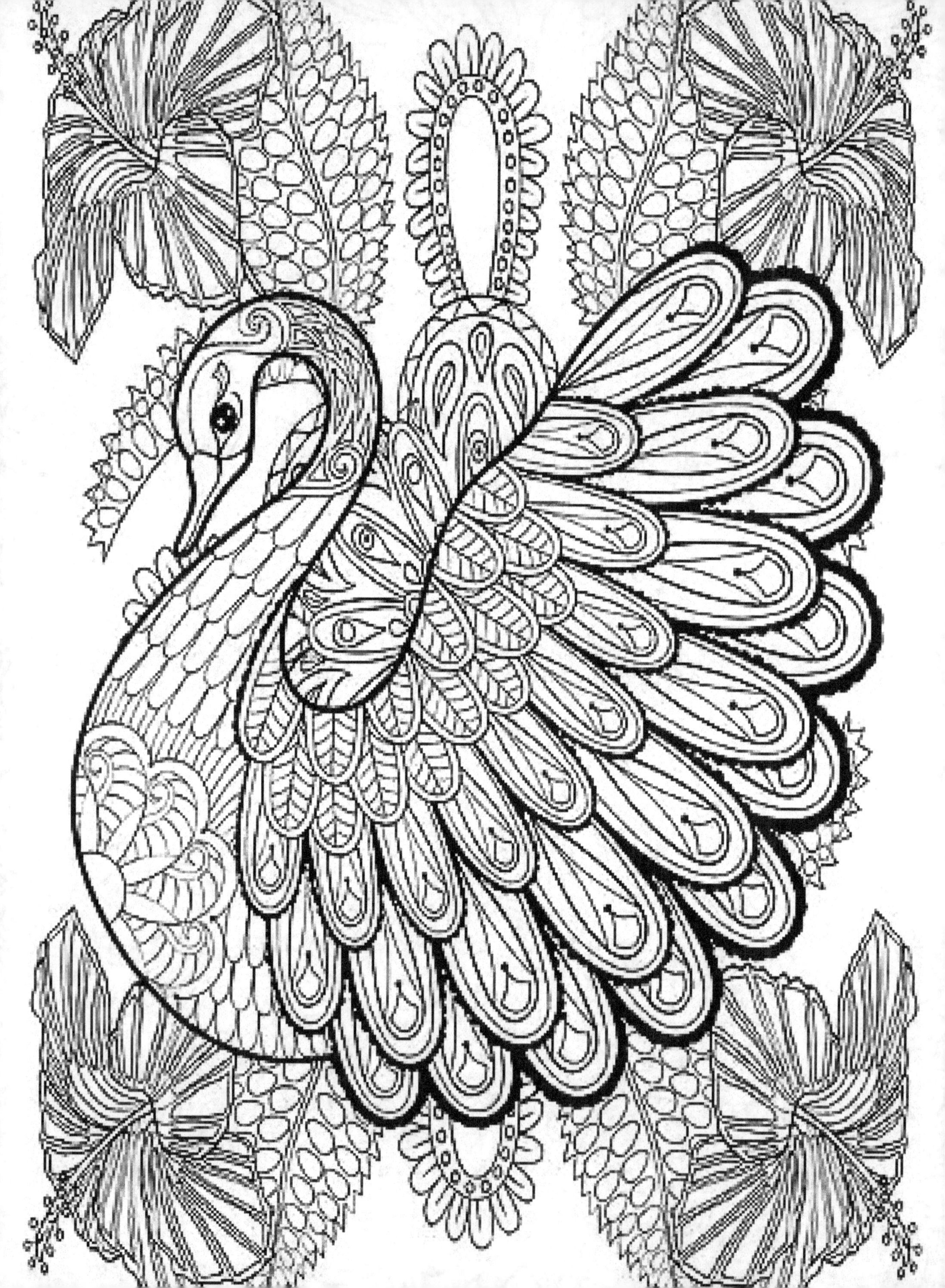

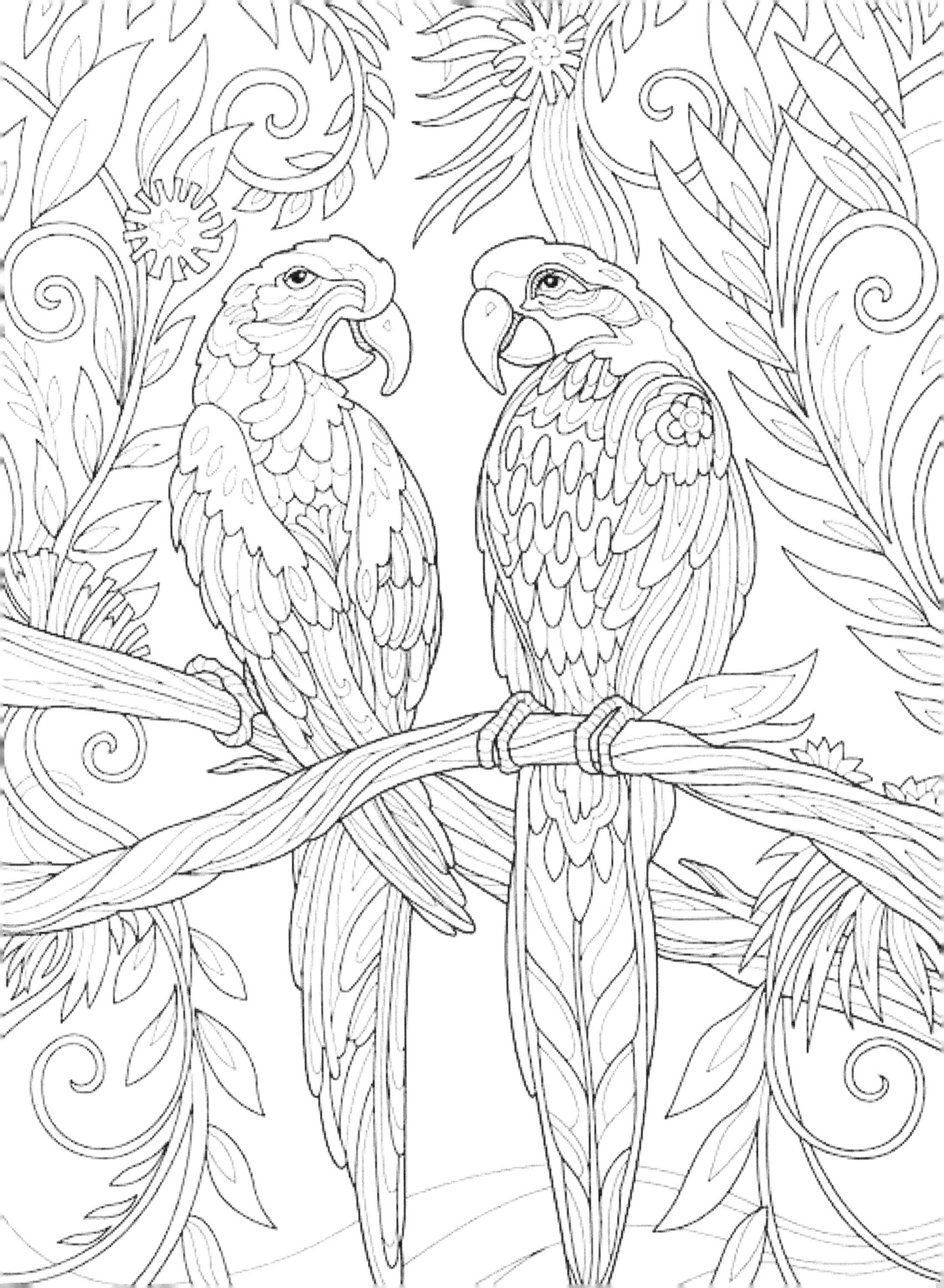

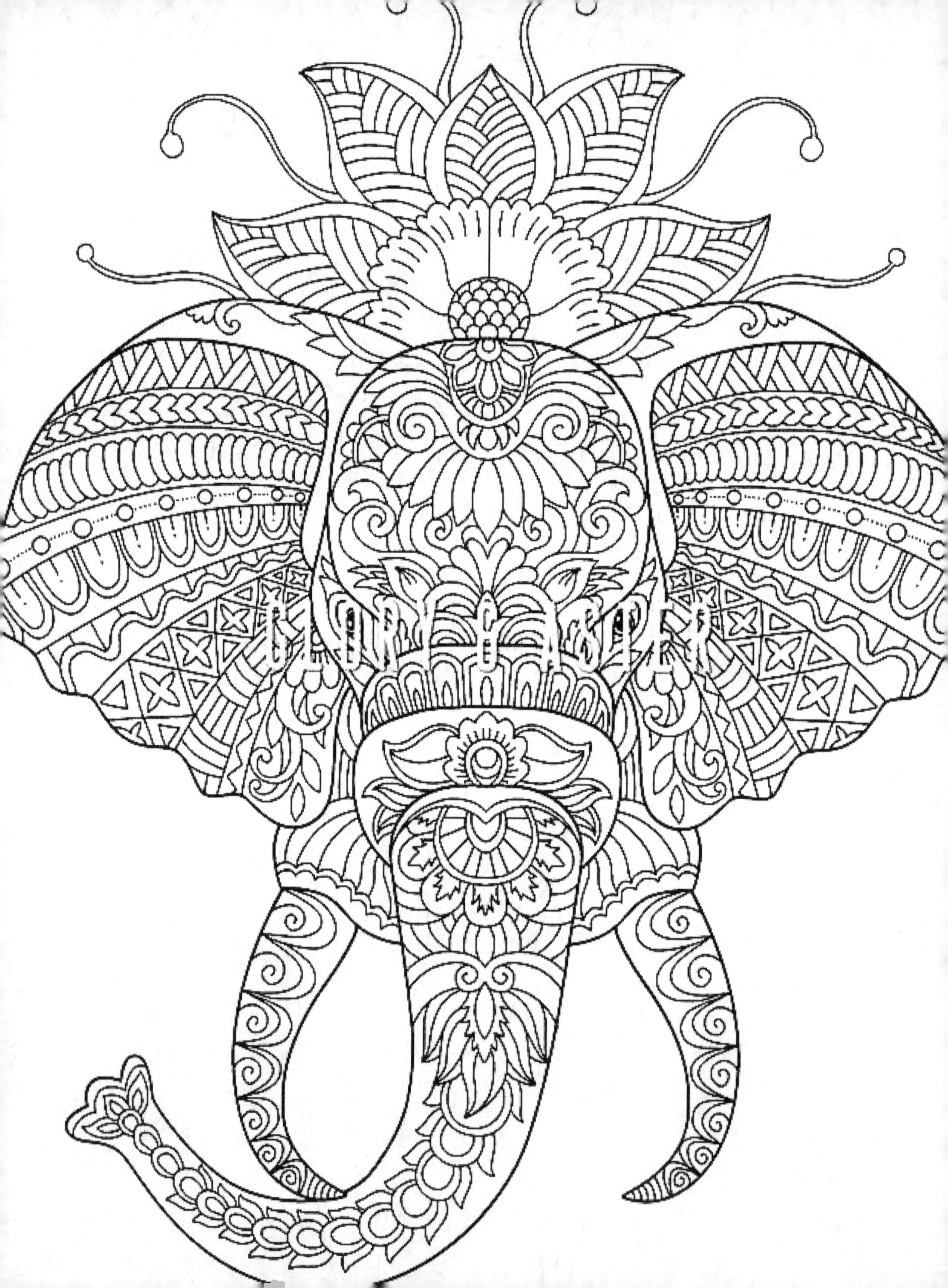
GLORY G ASPER

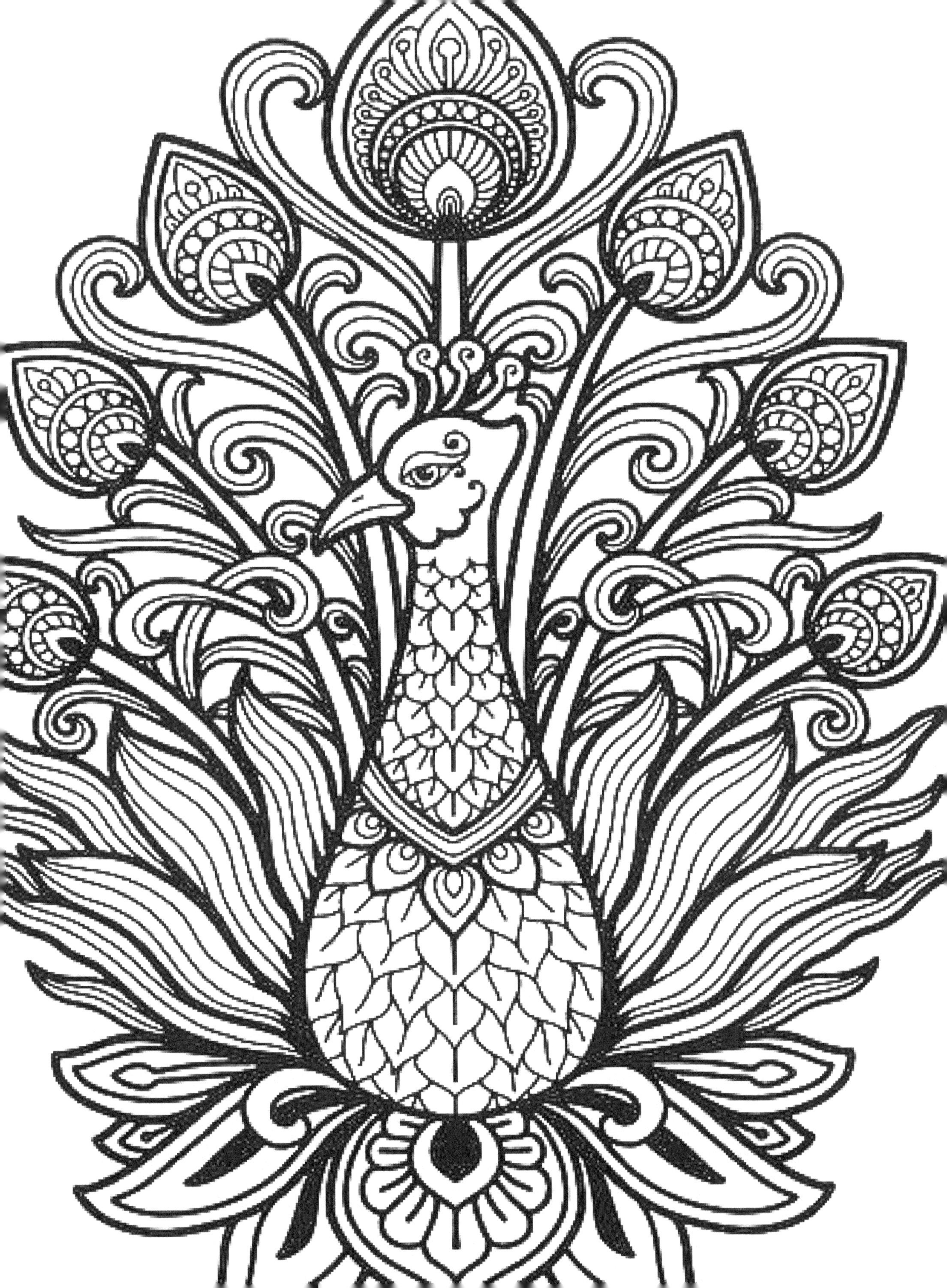

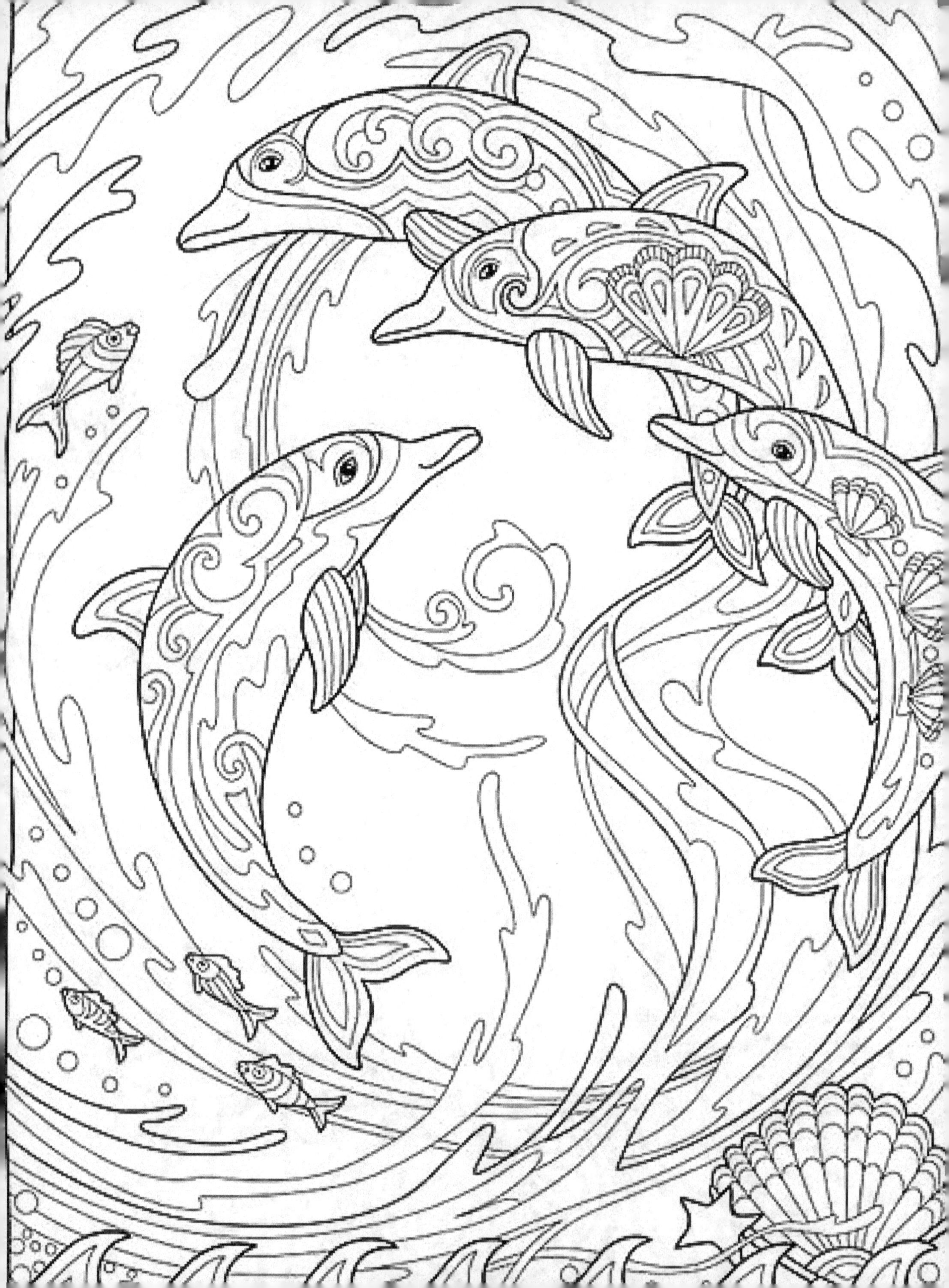

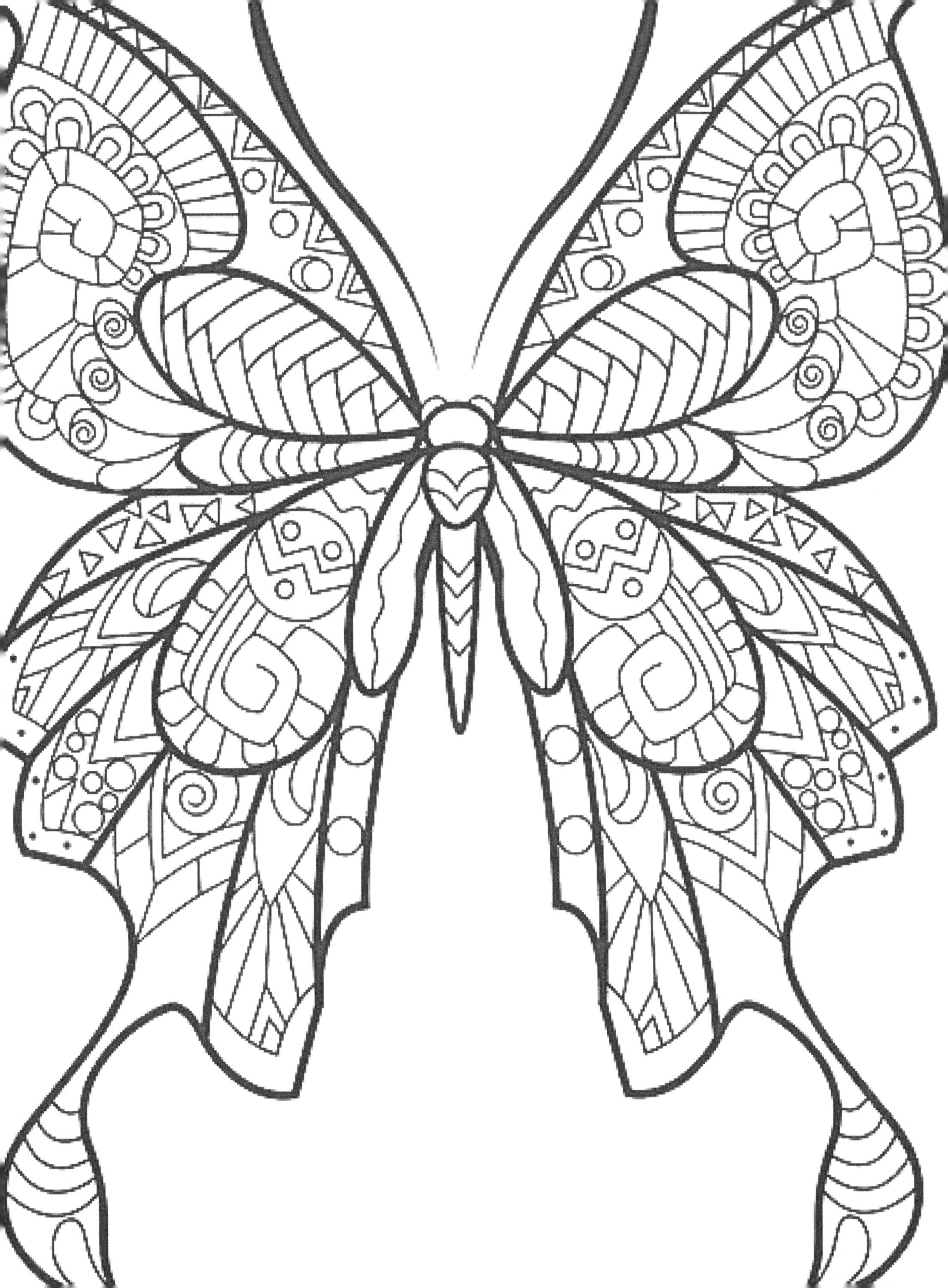

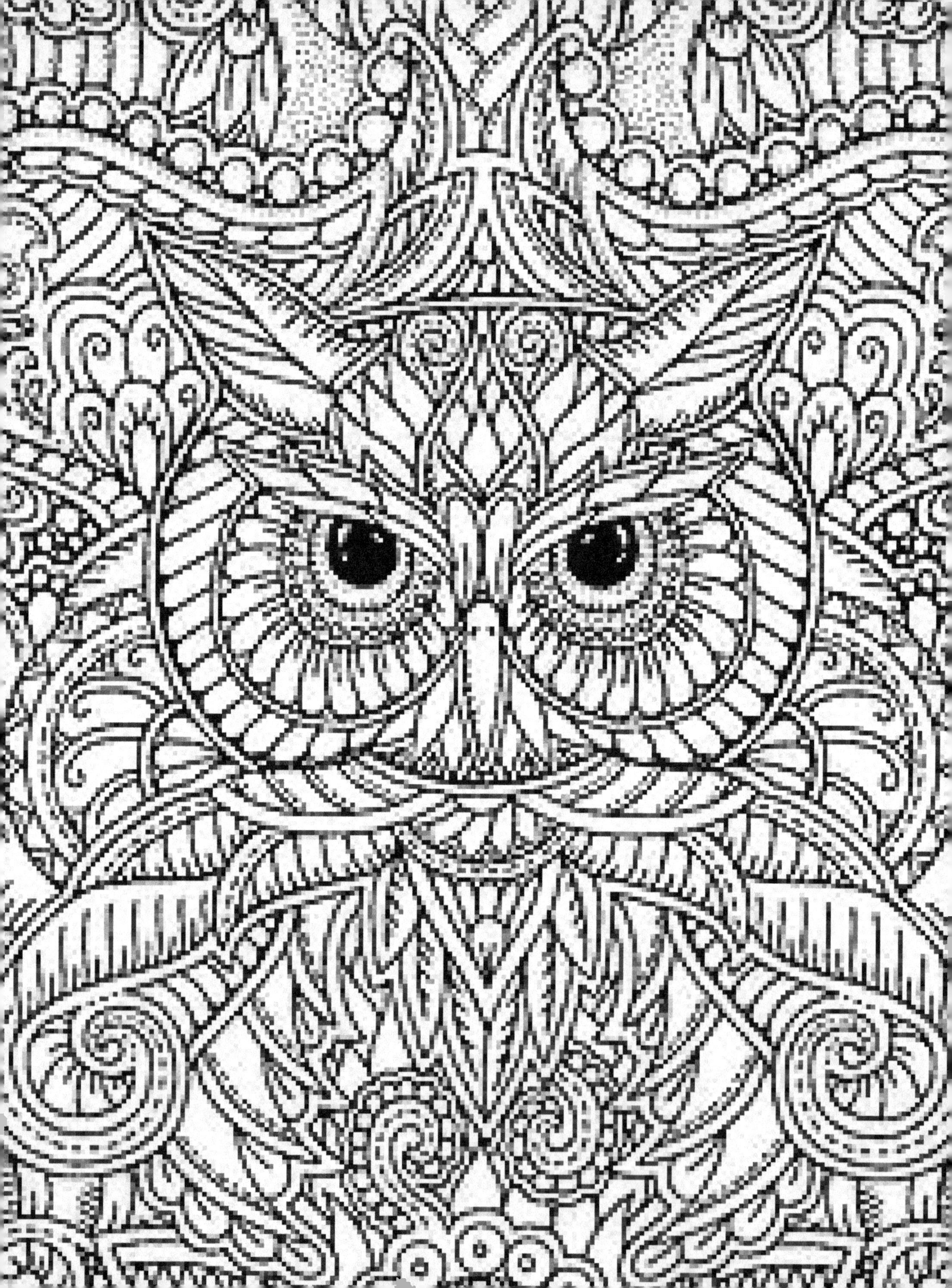

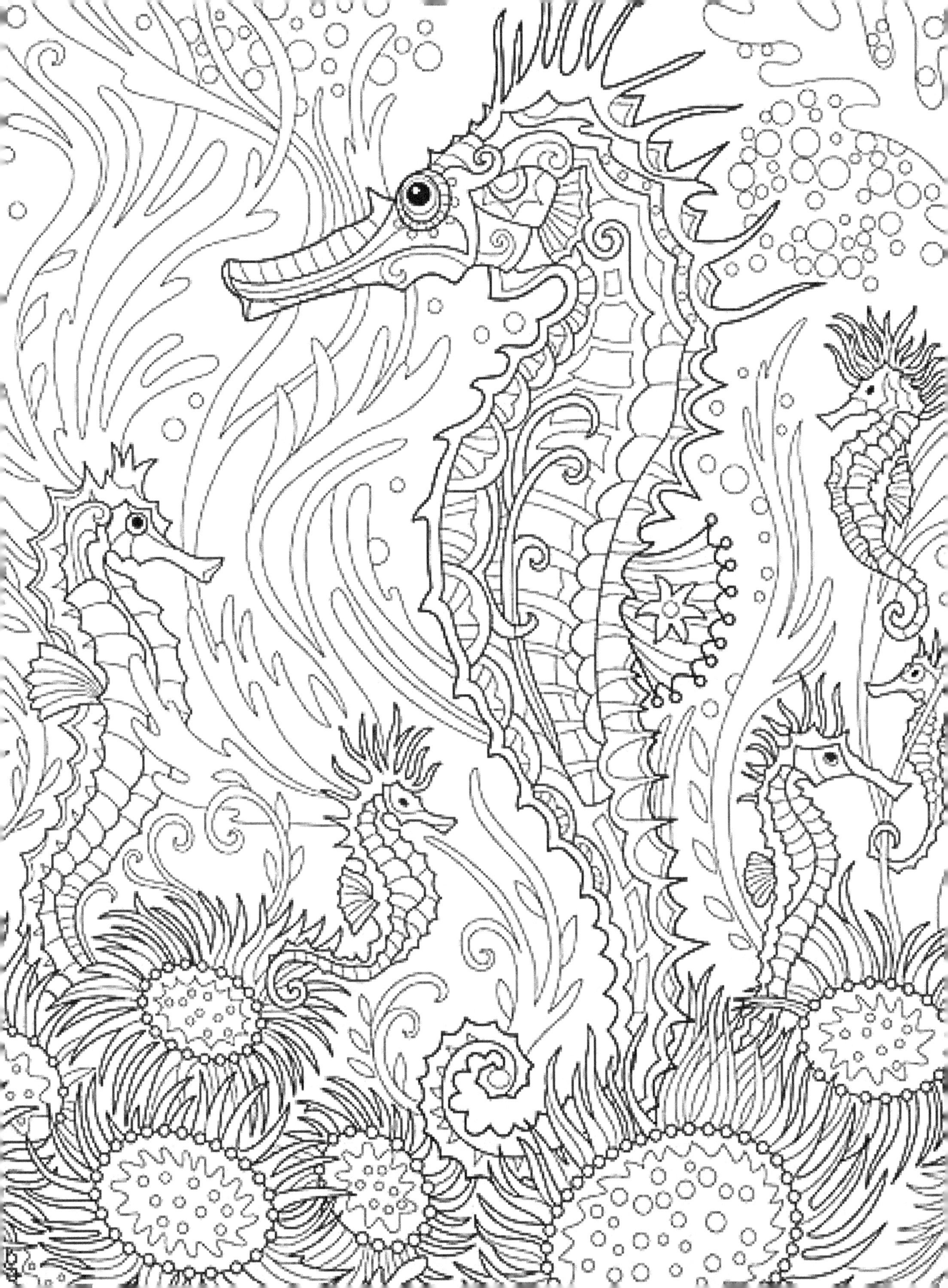

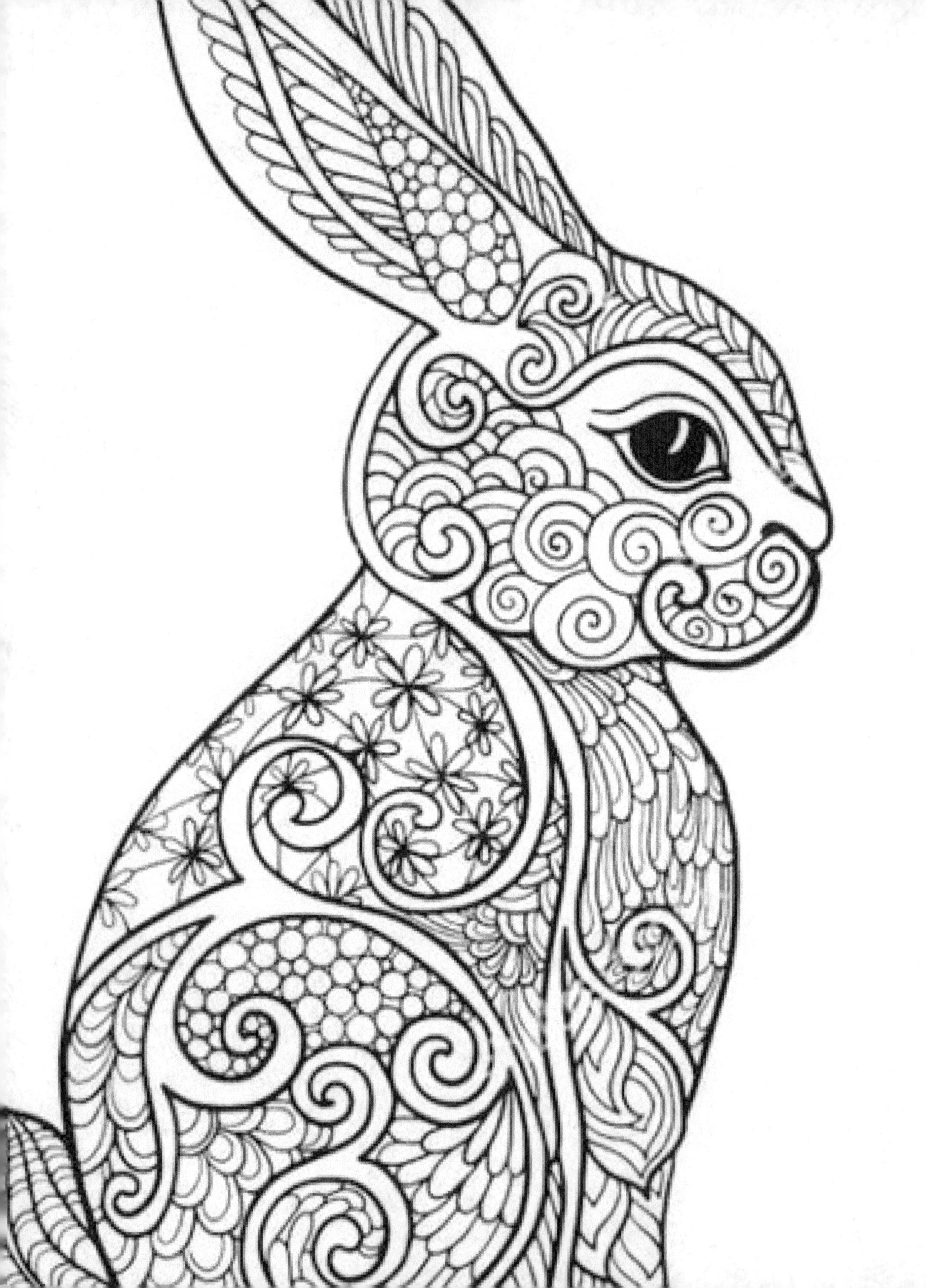

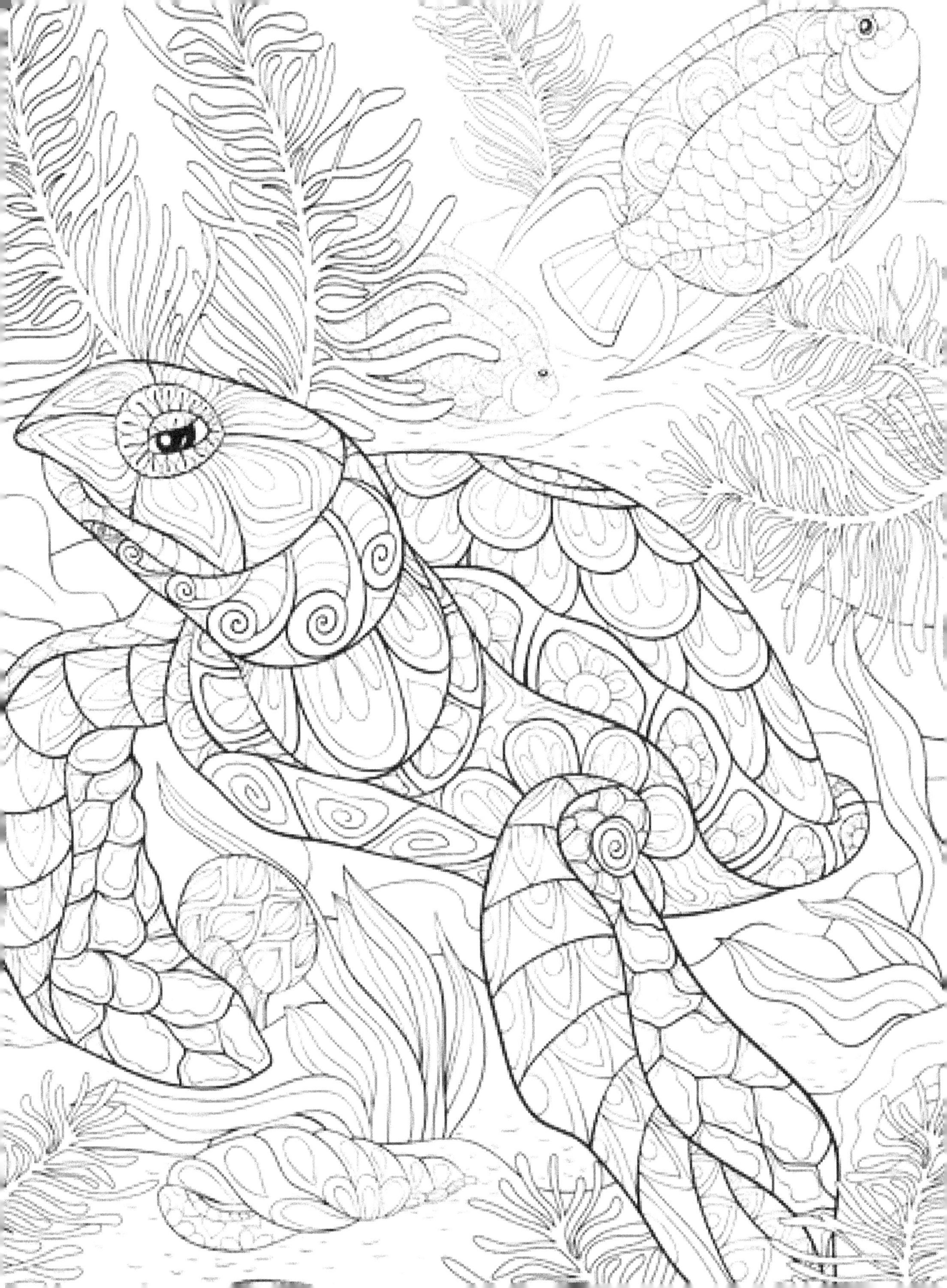

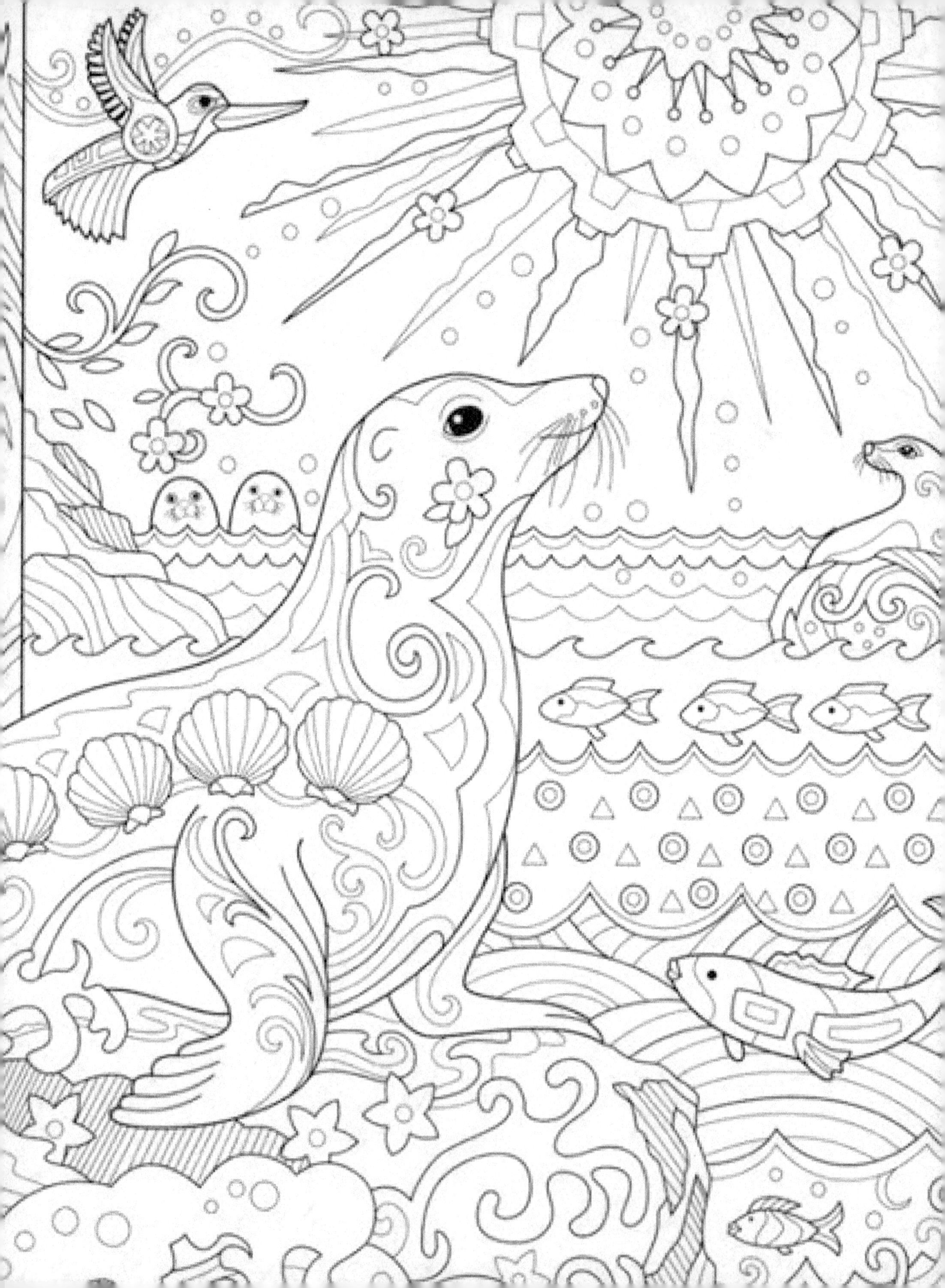

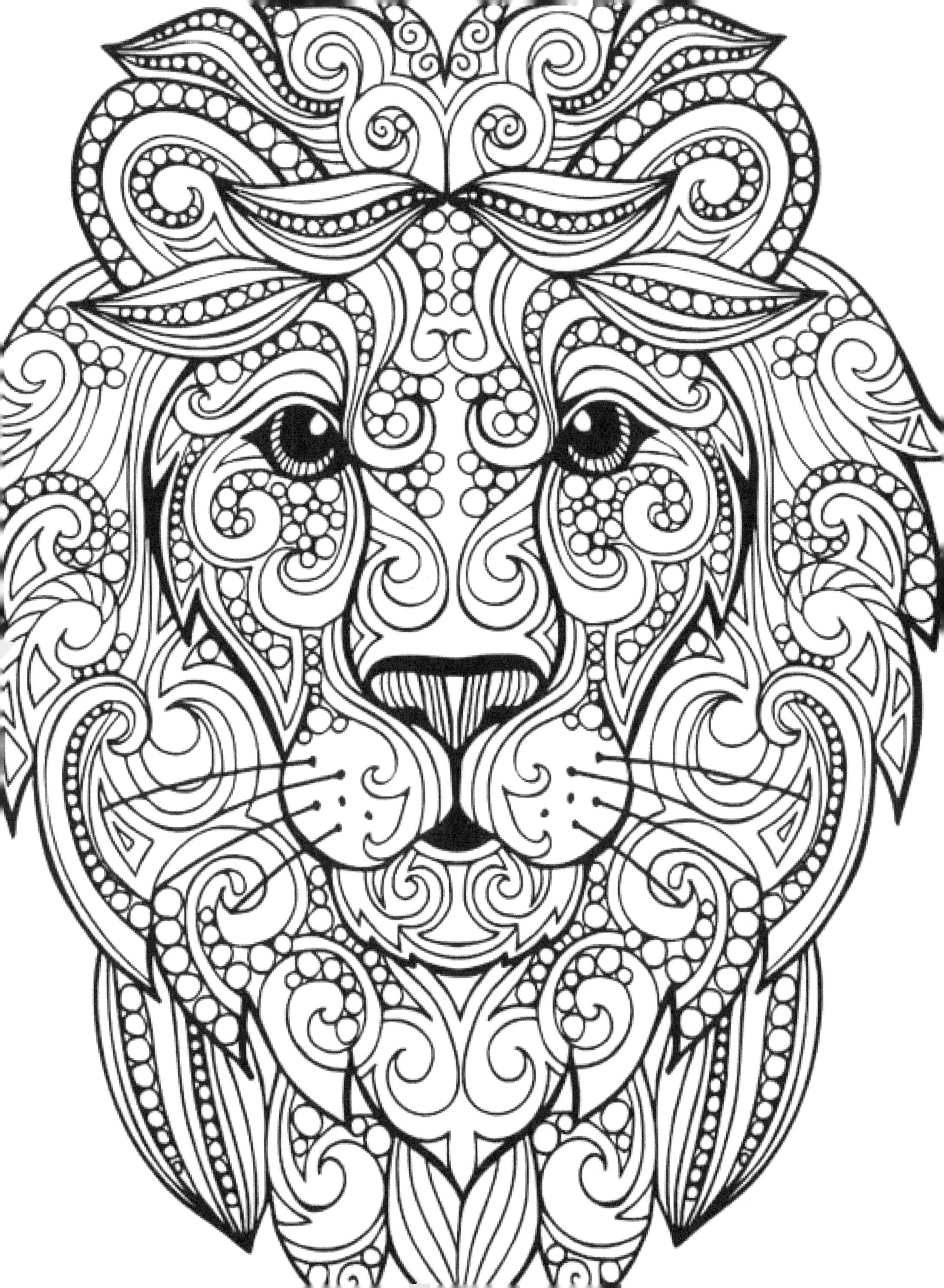

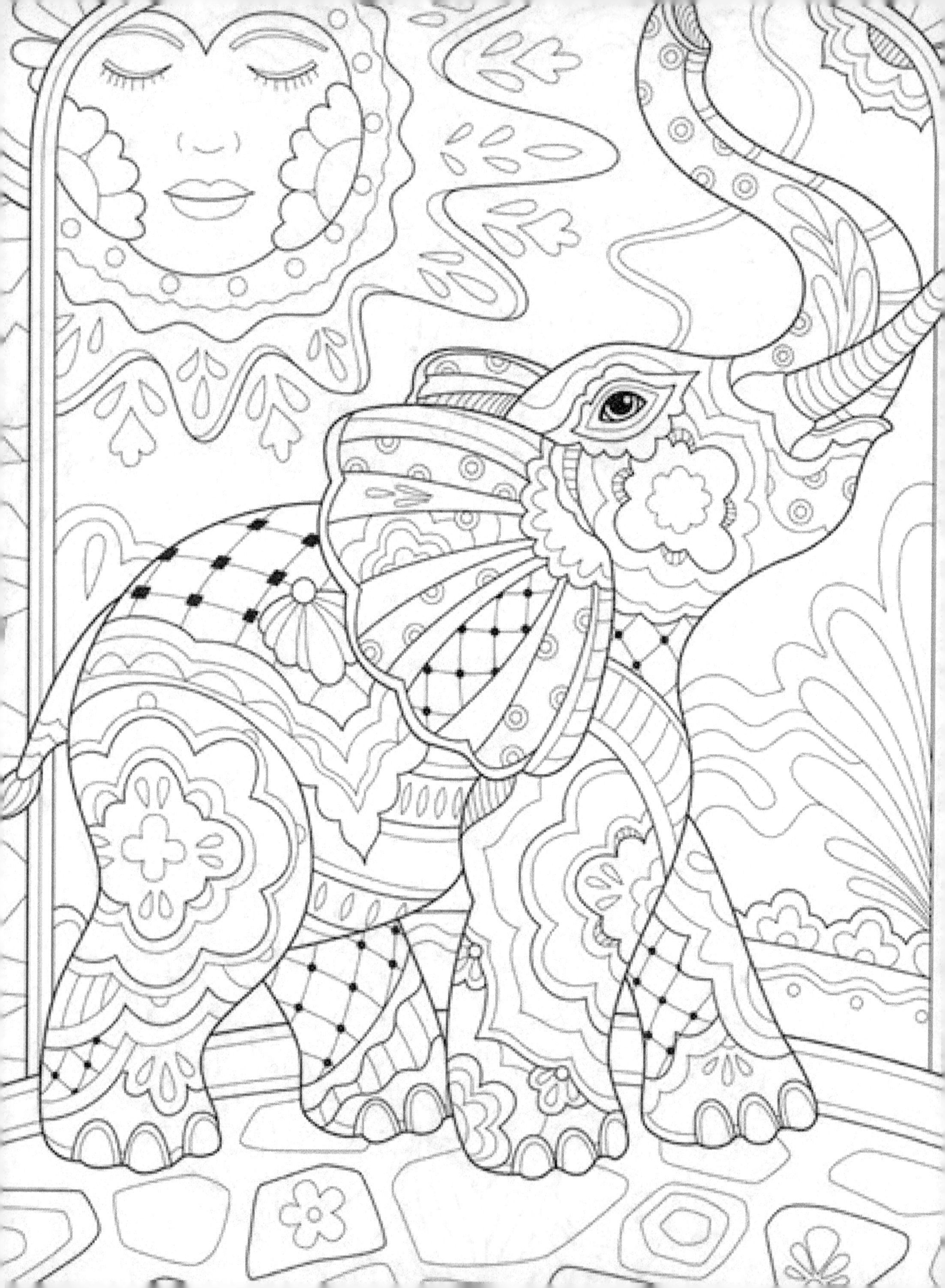

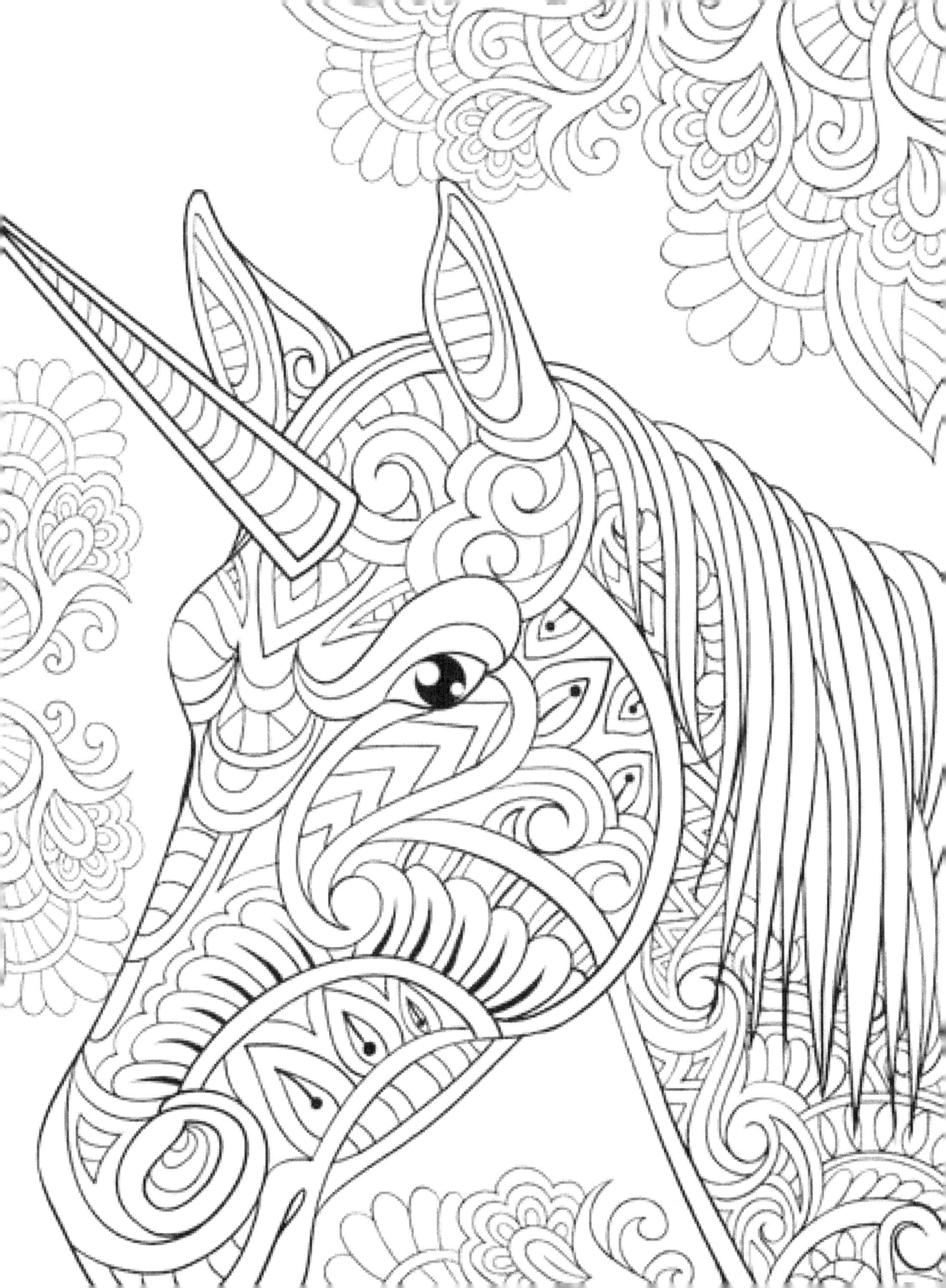

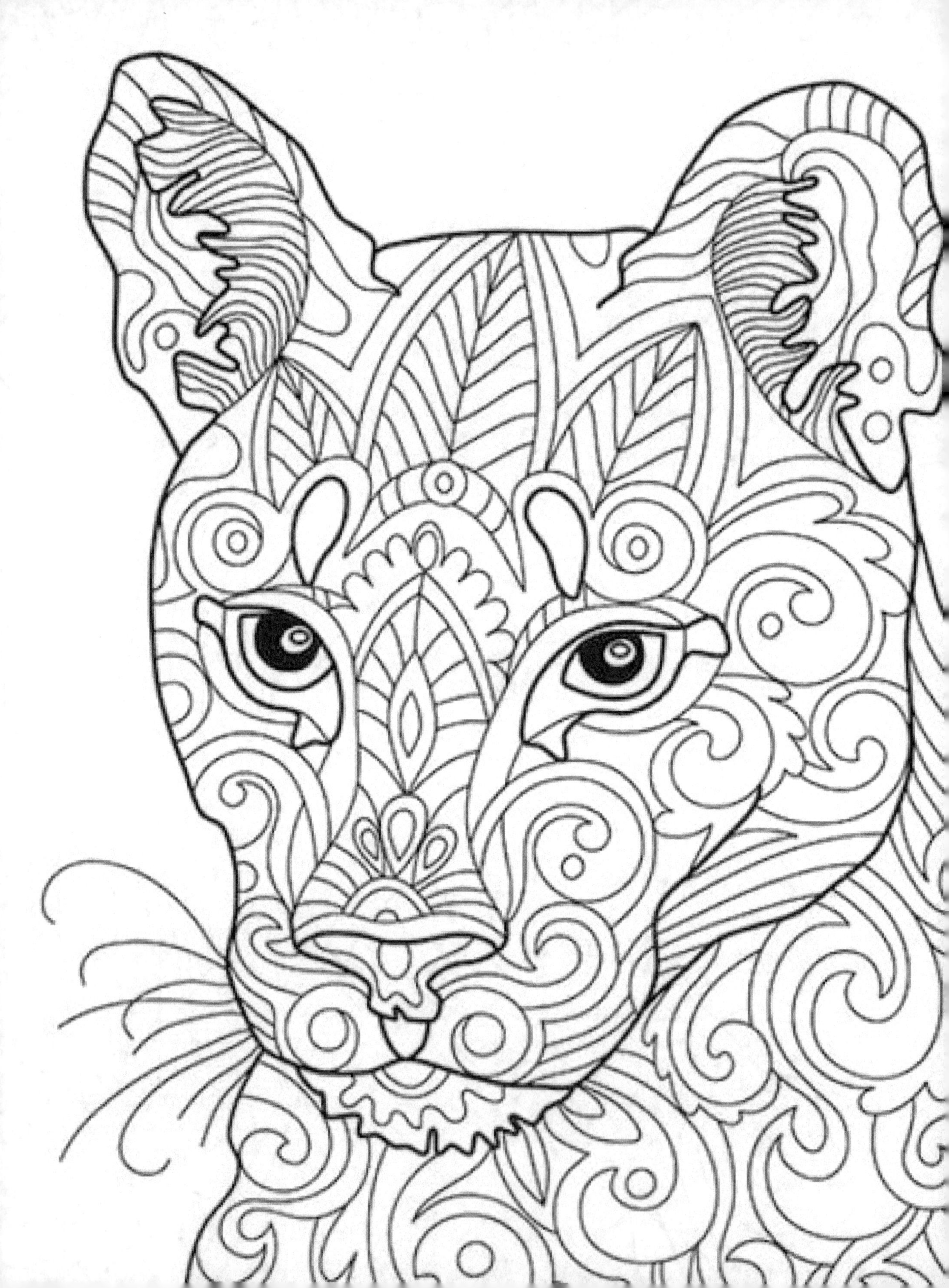

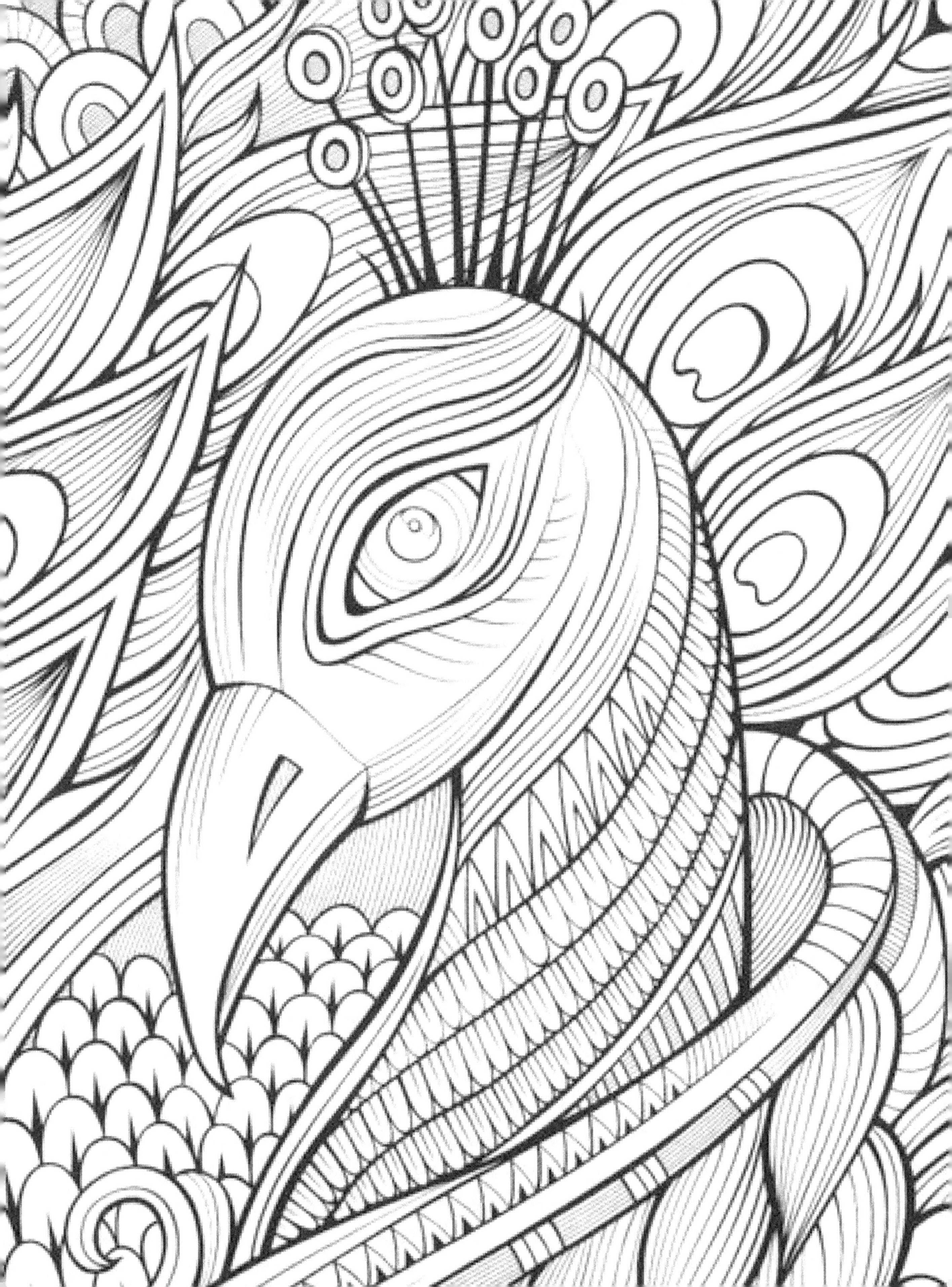

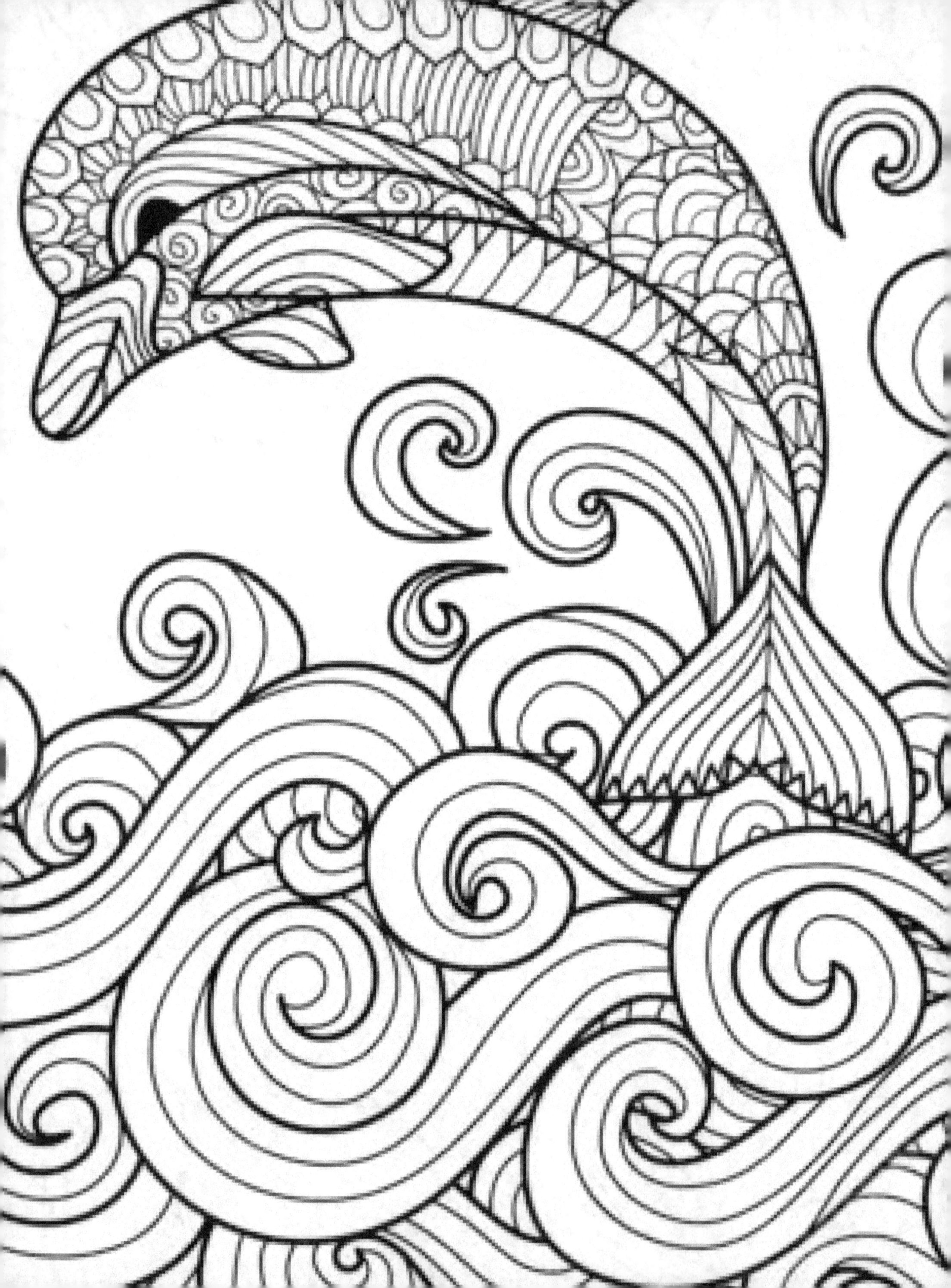

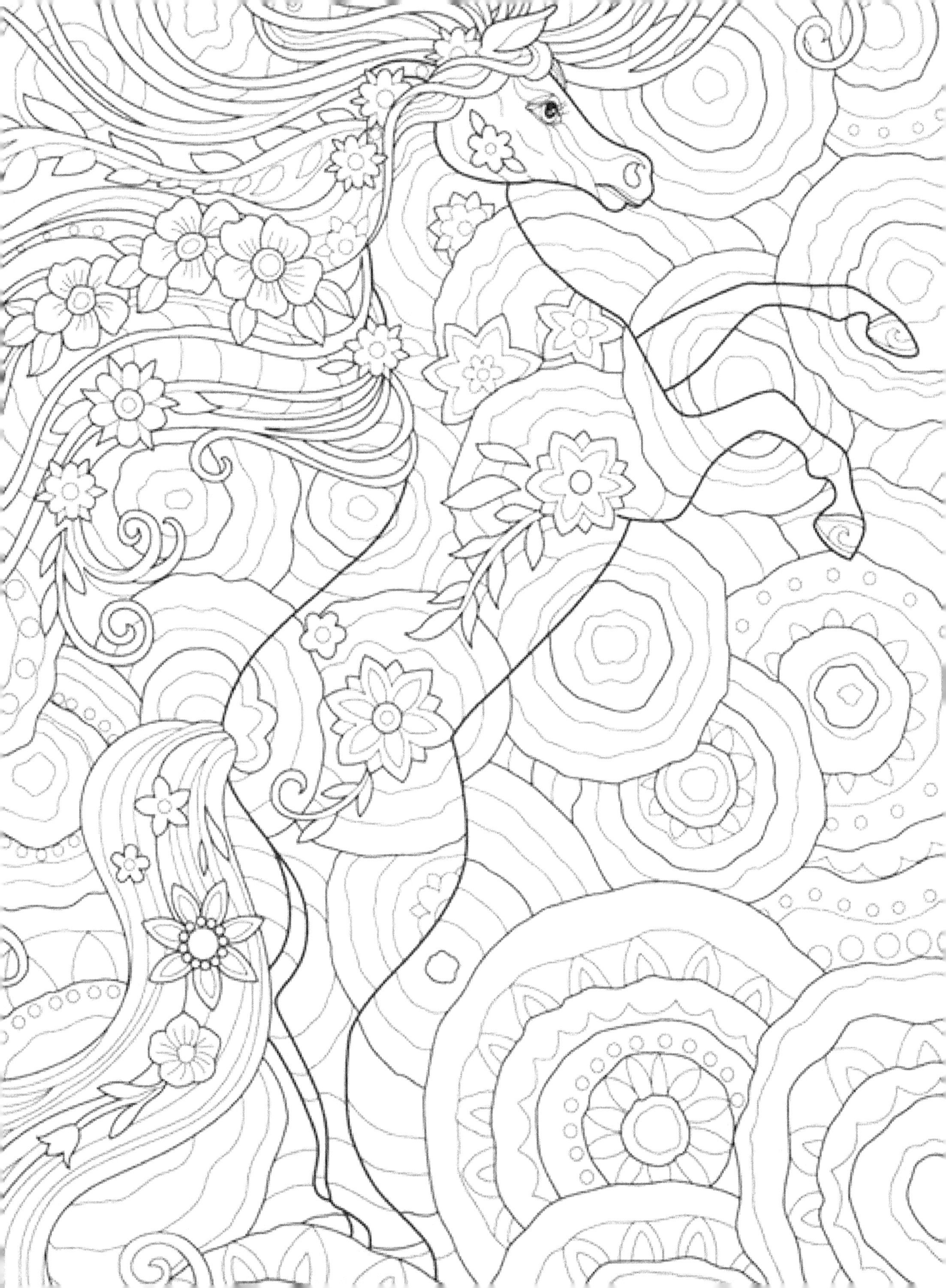

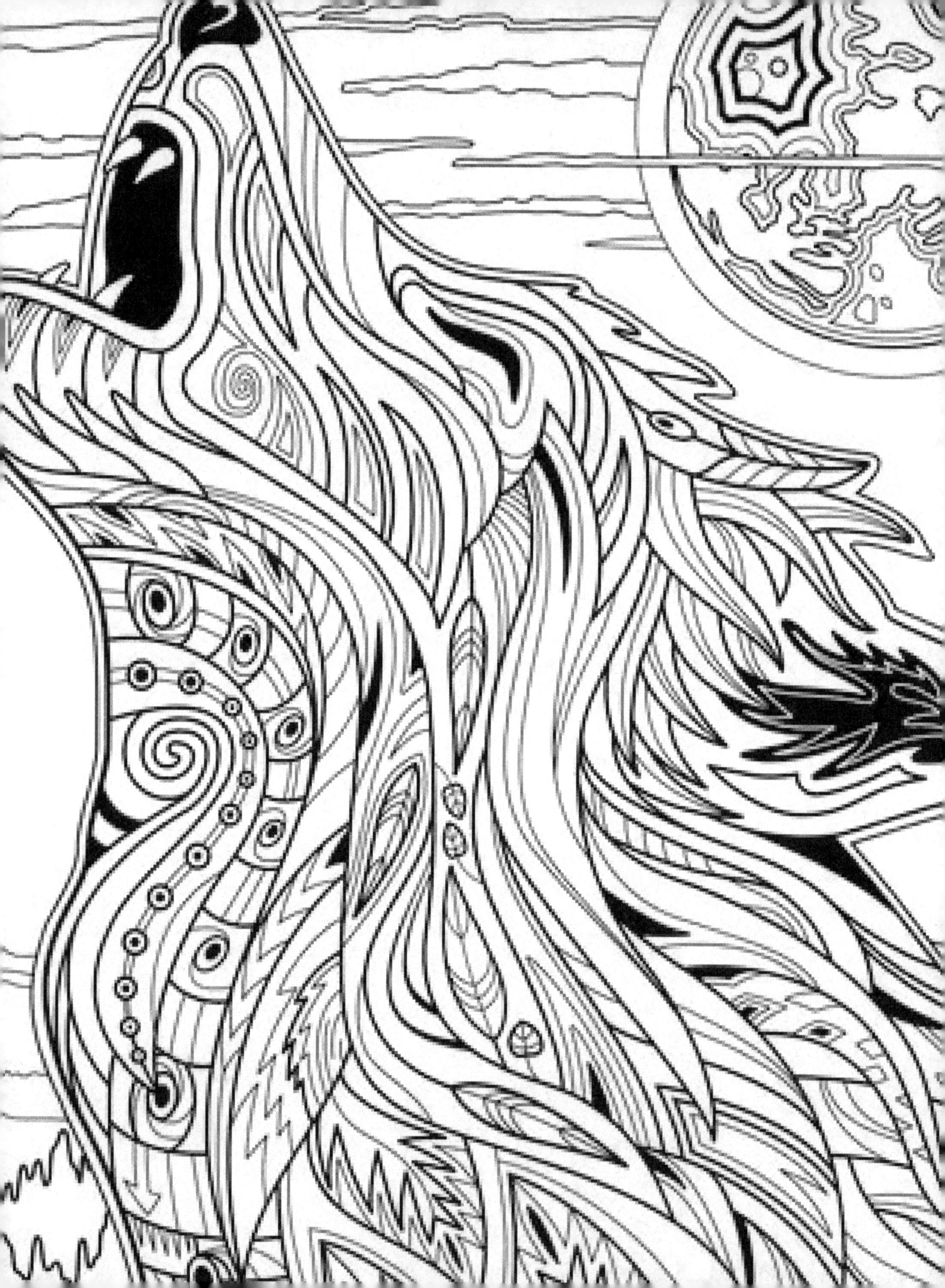

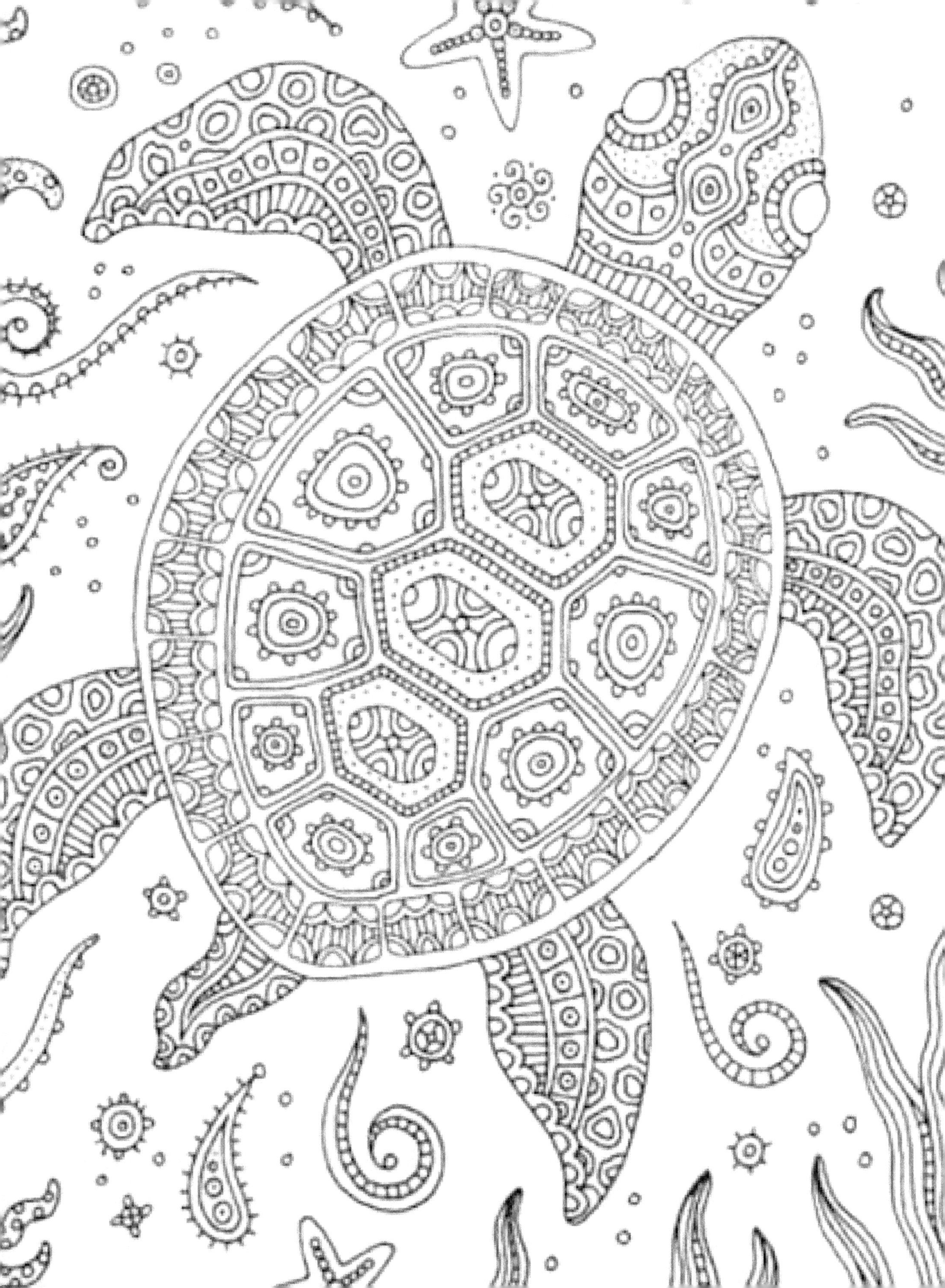

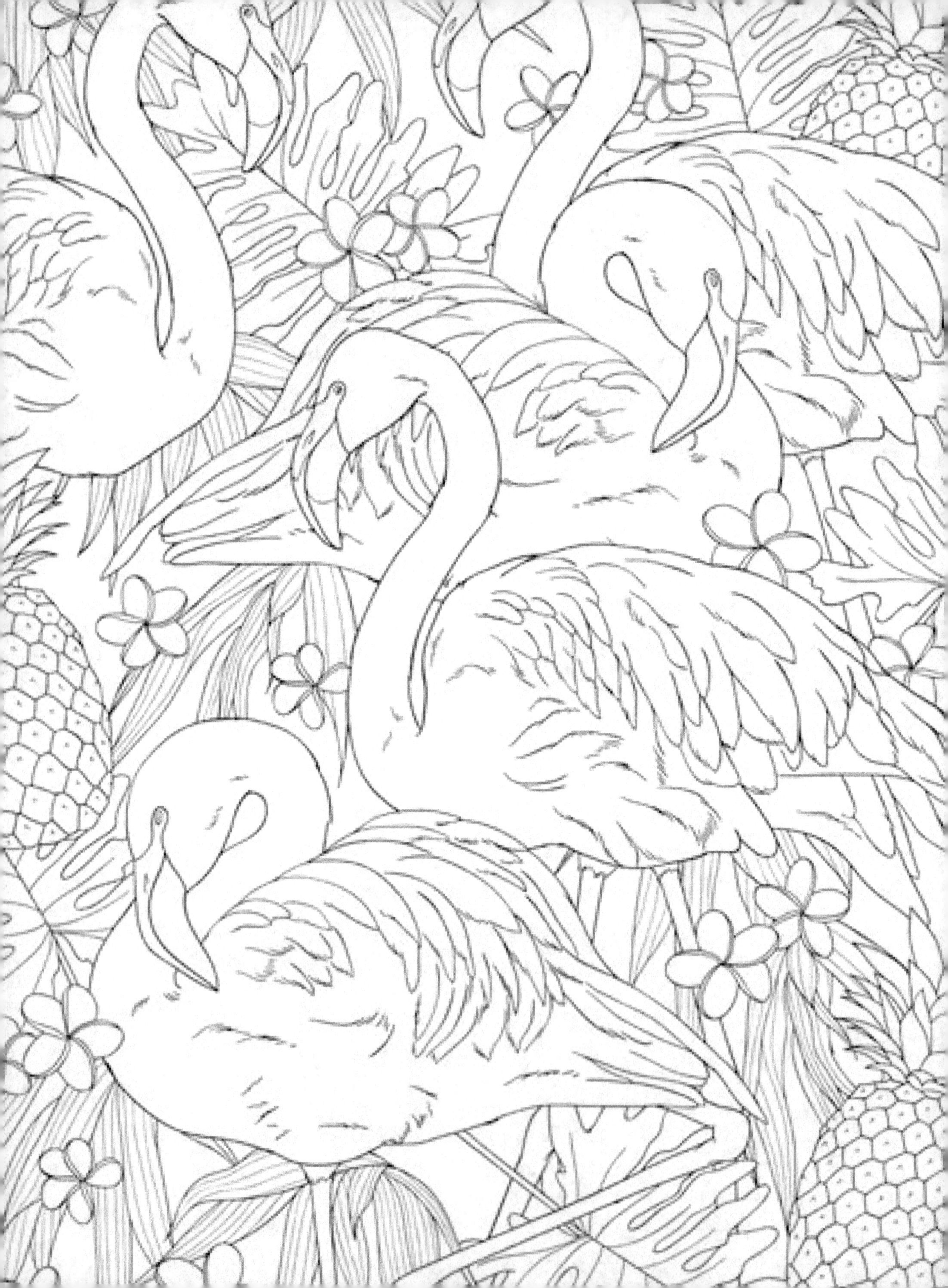

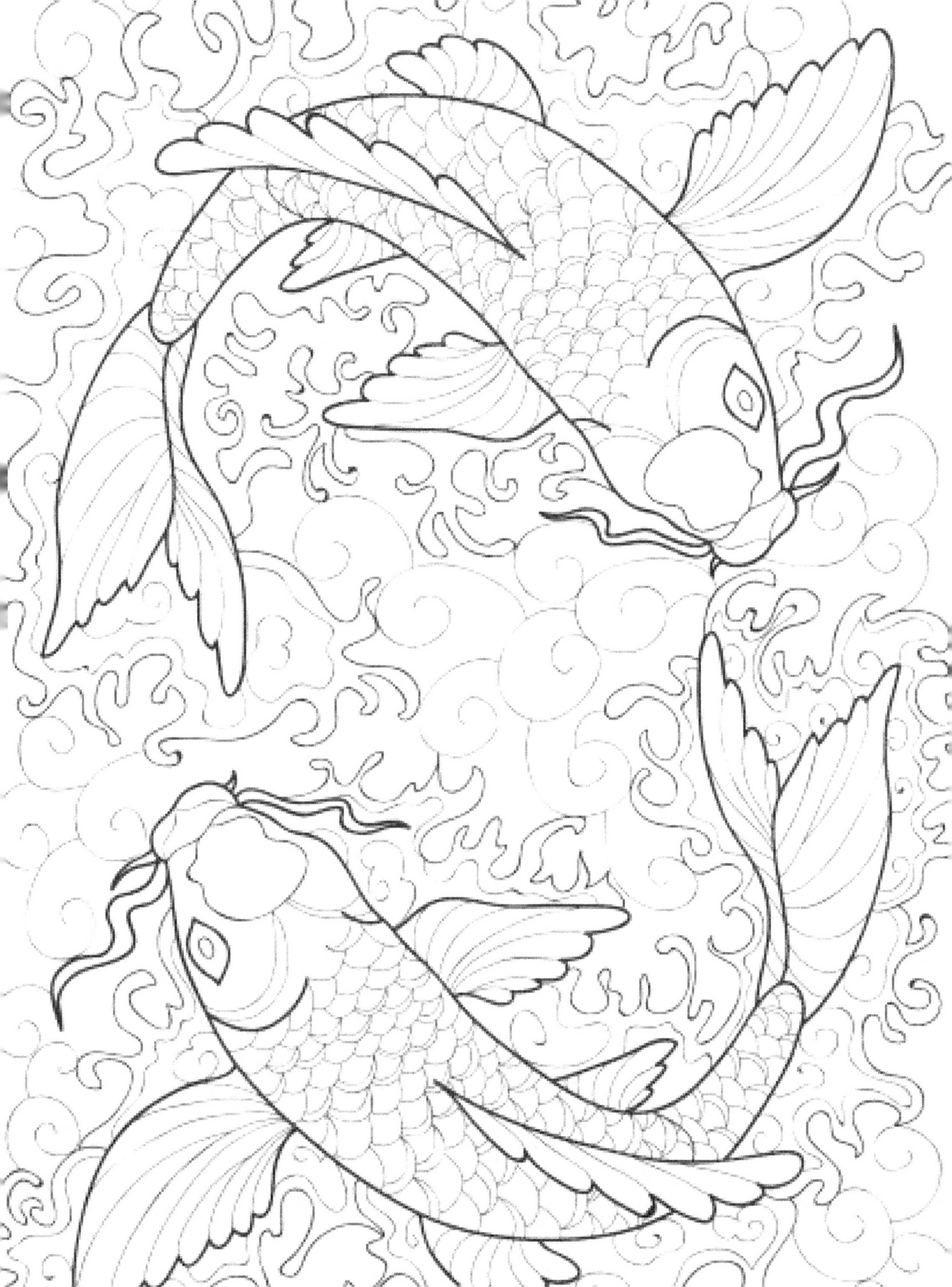

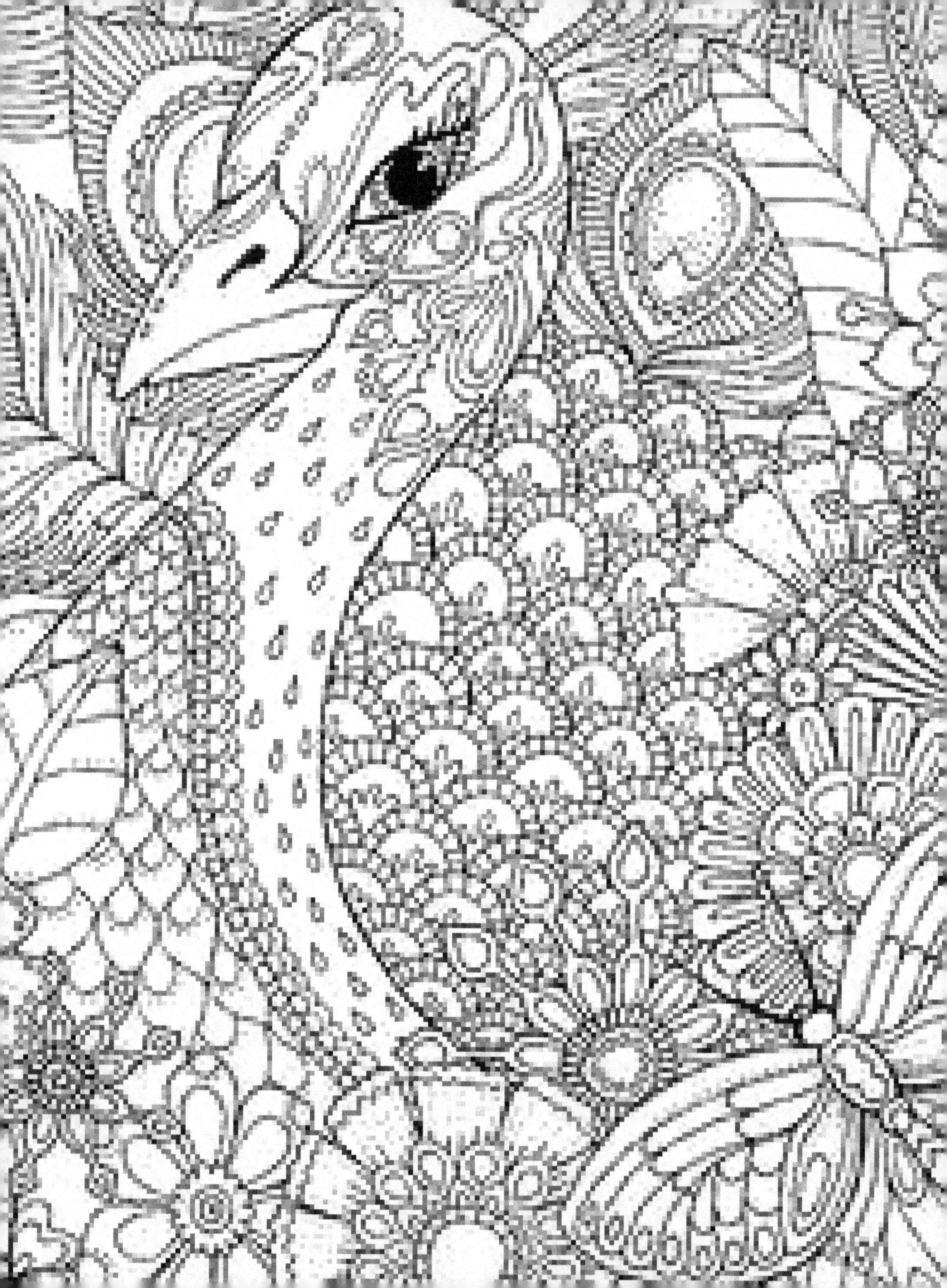

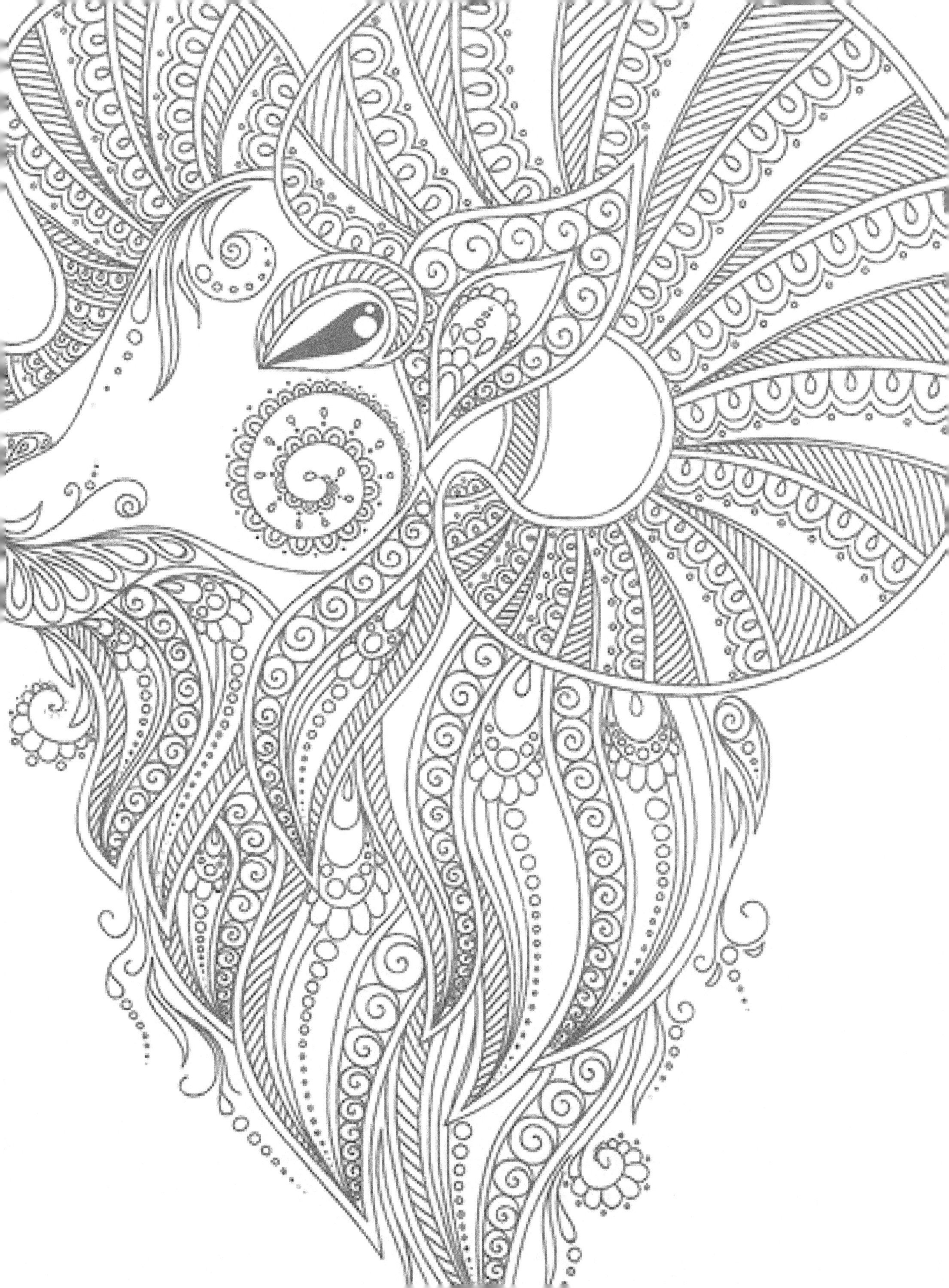

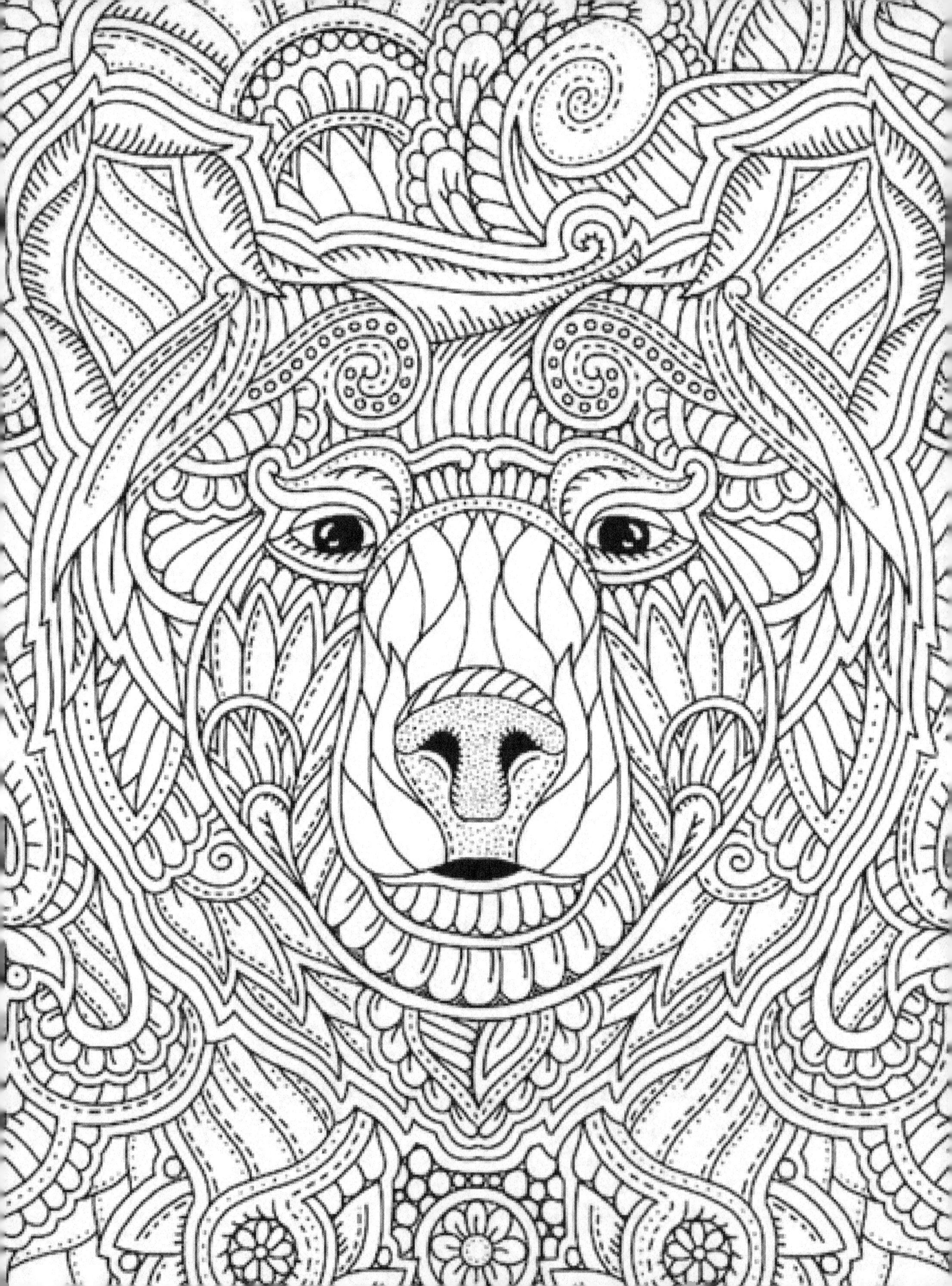

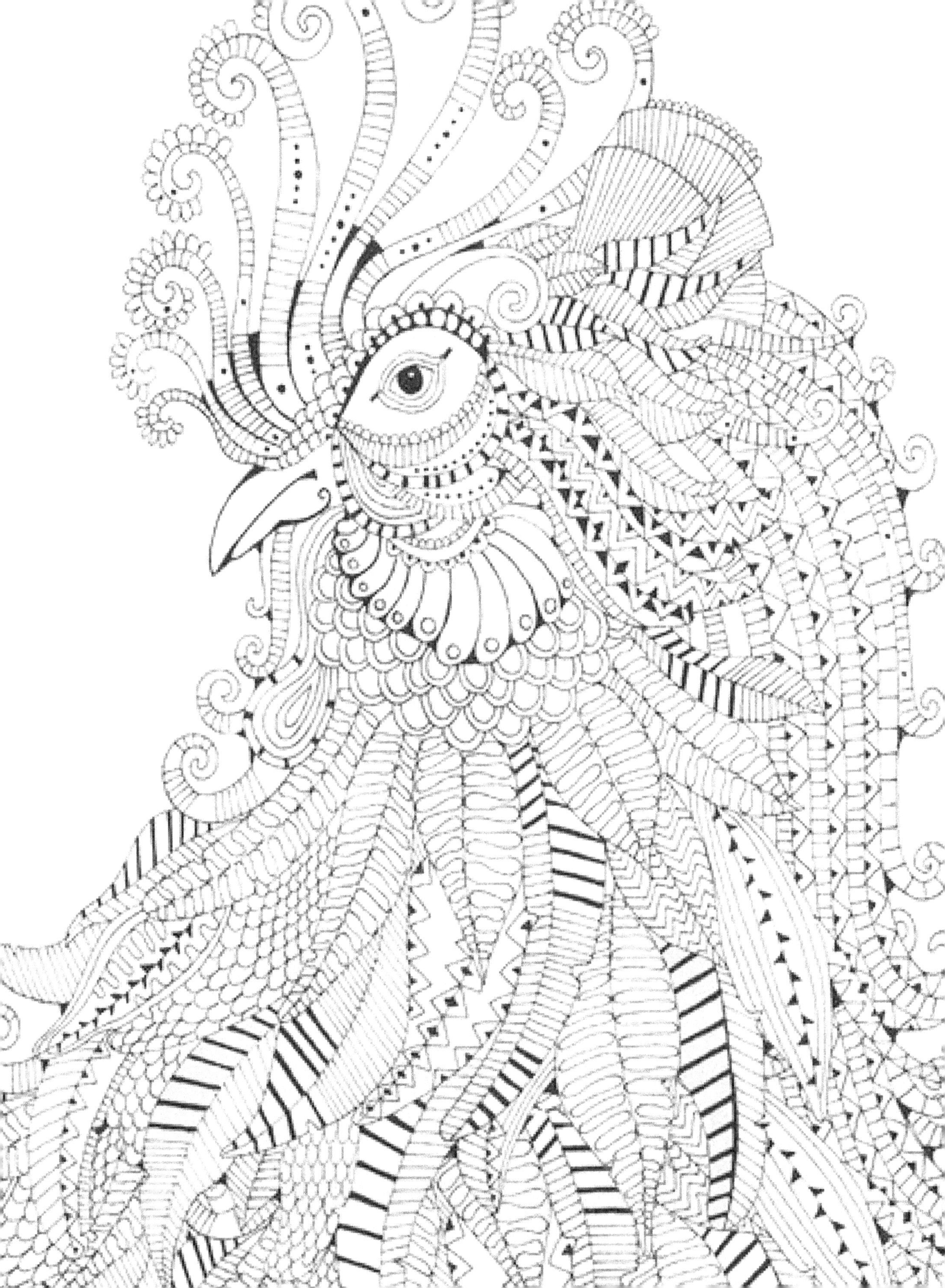

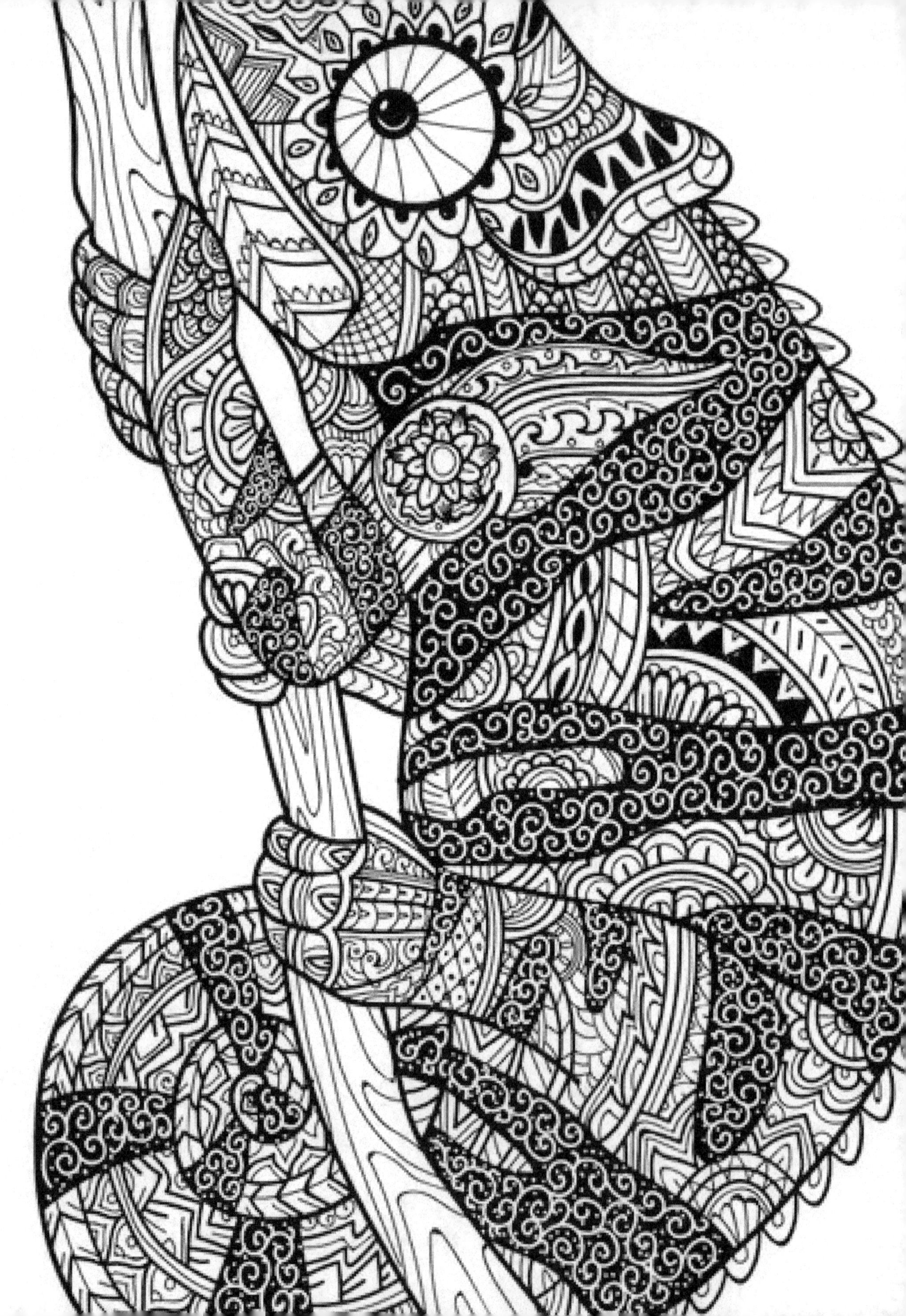

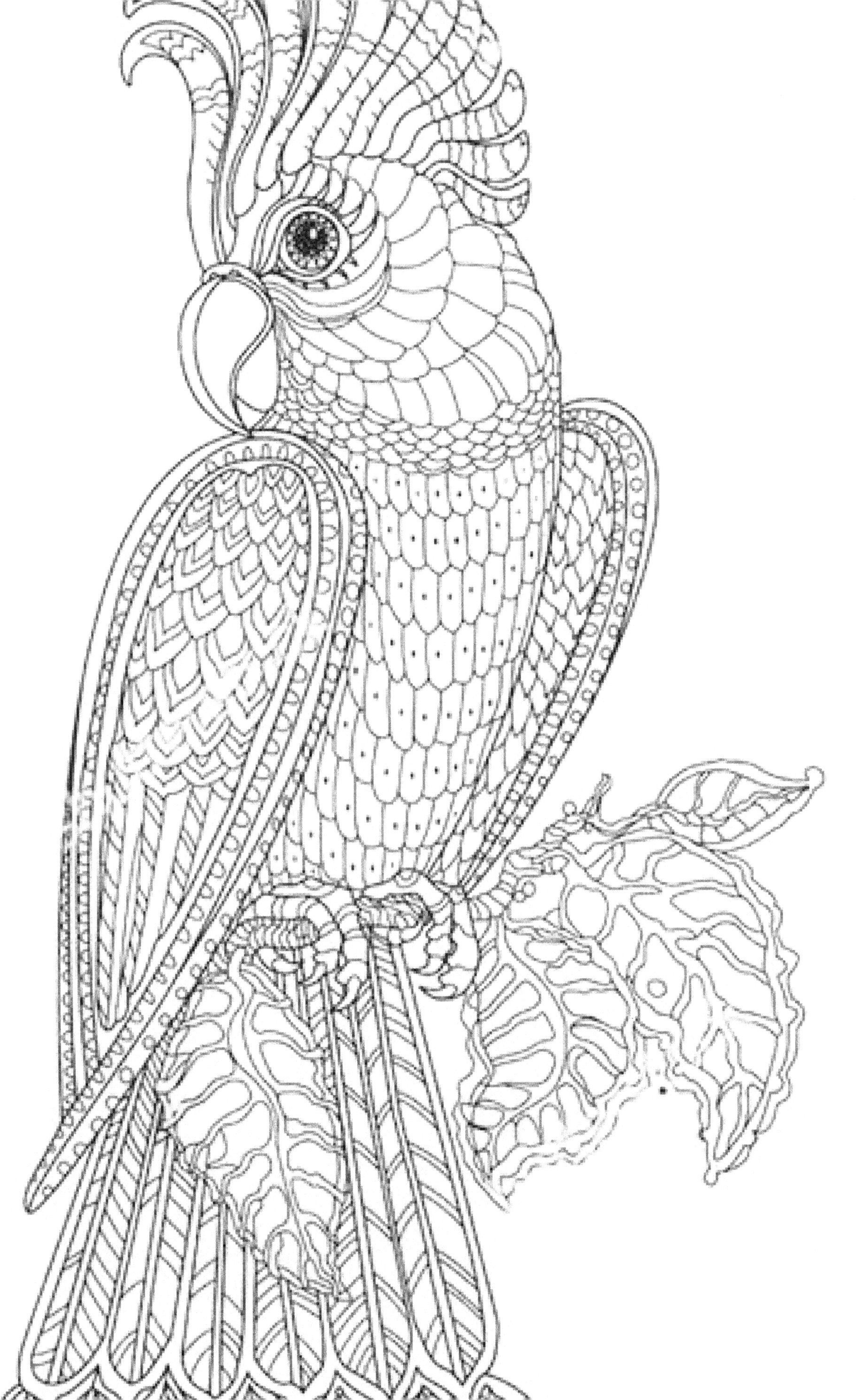

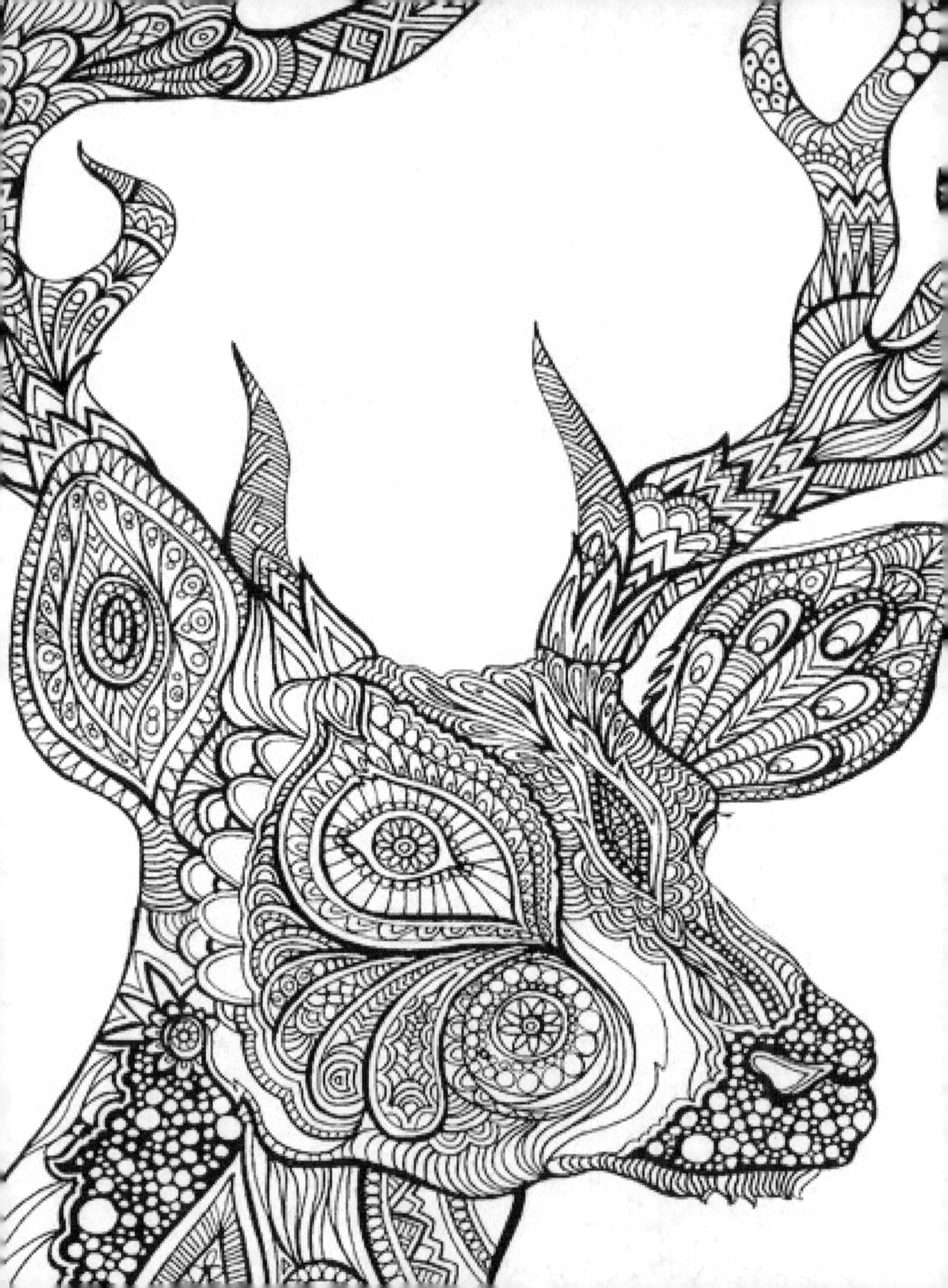

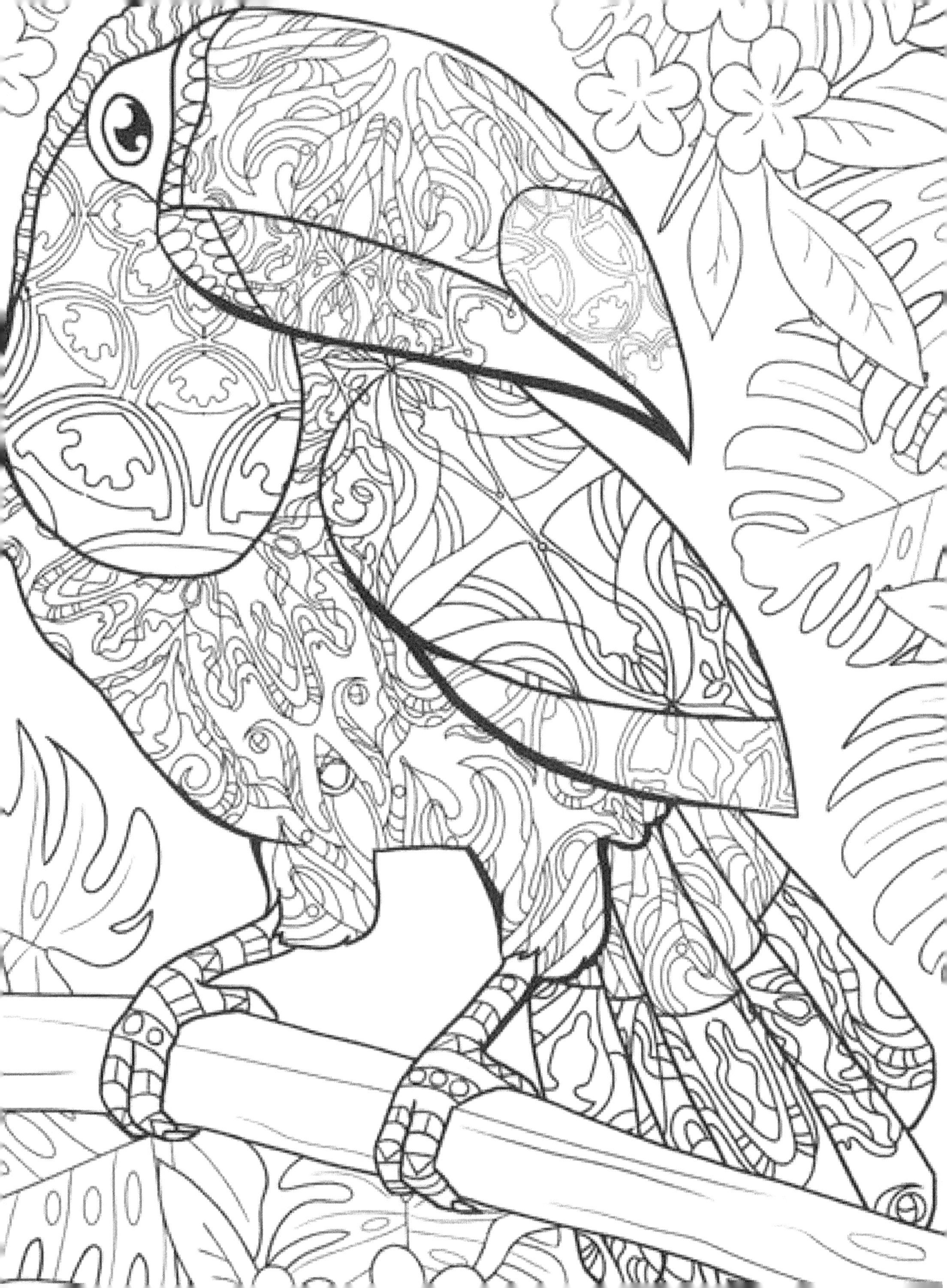

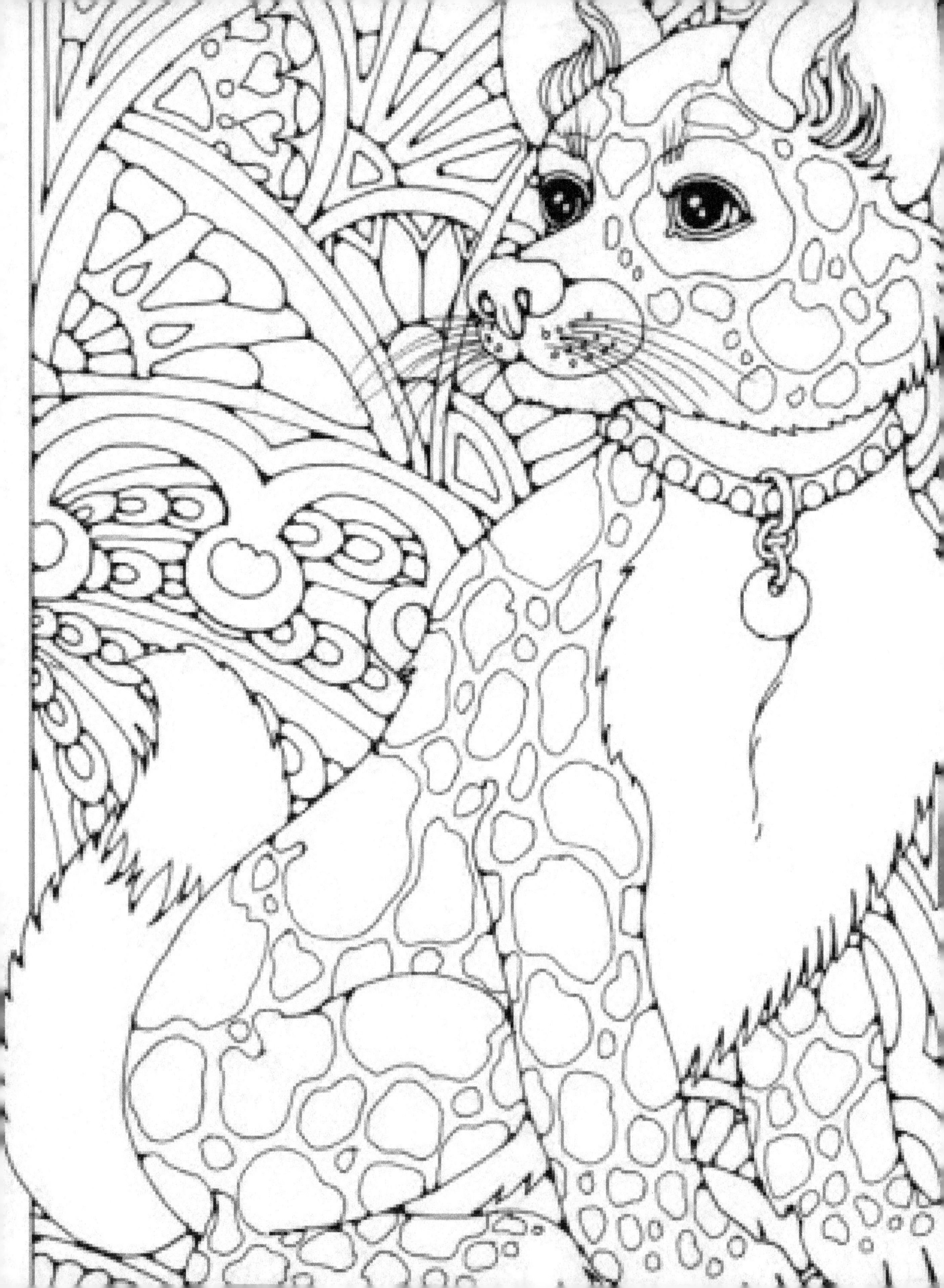

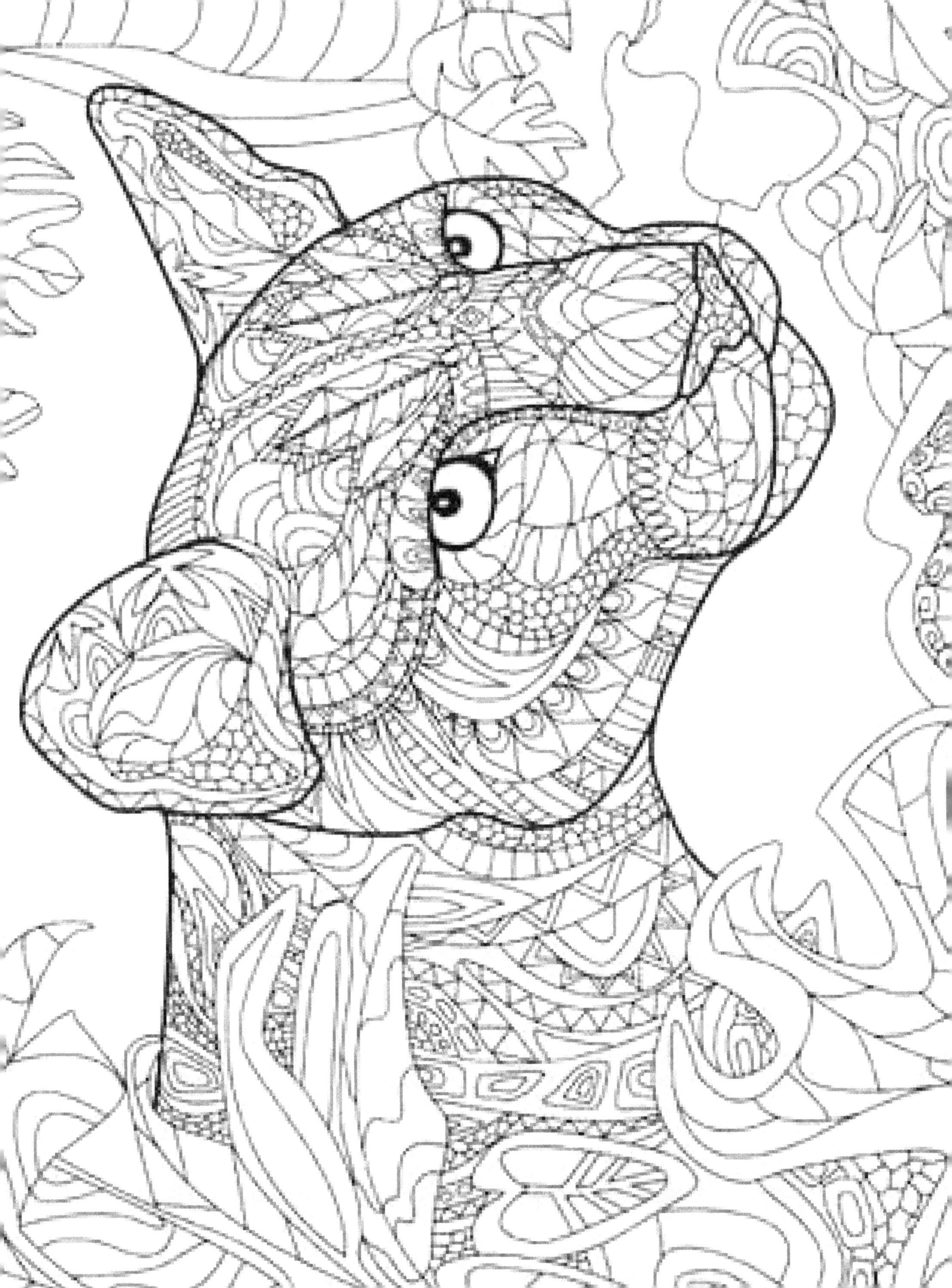

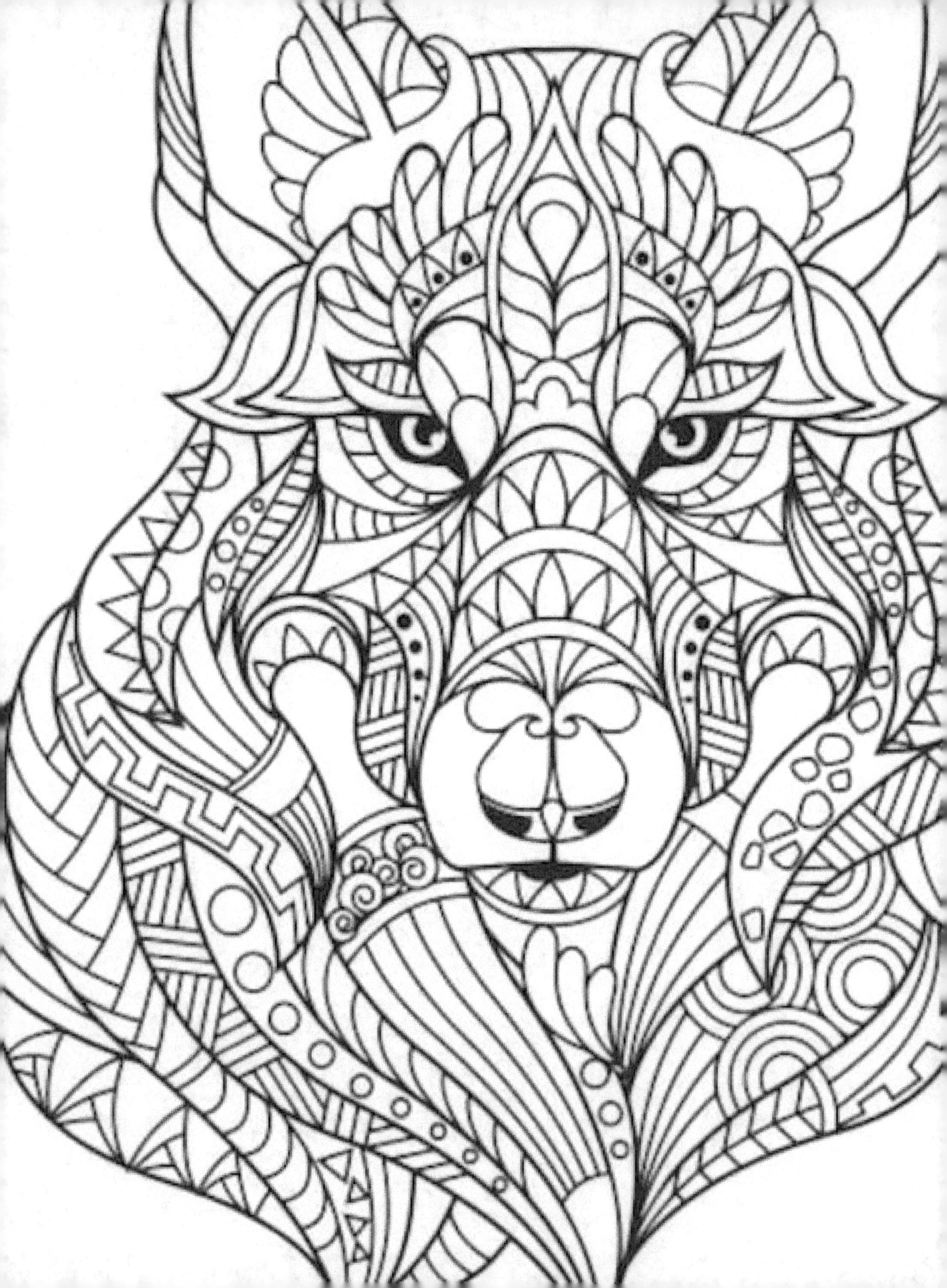

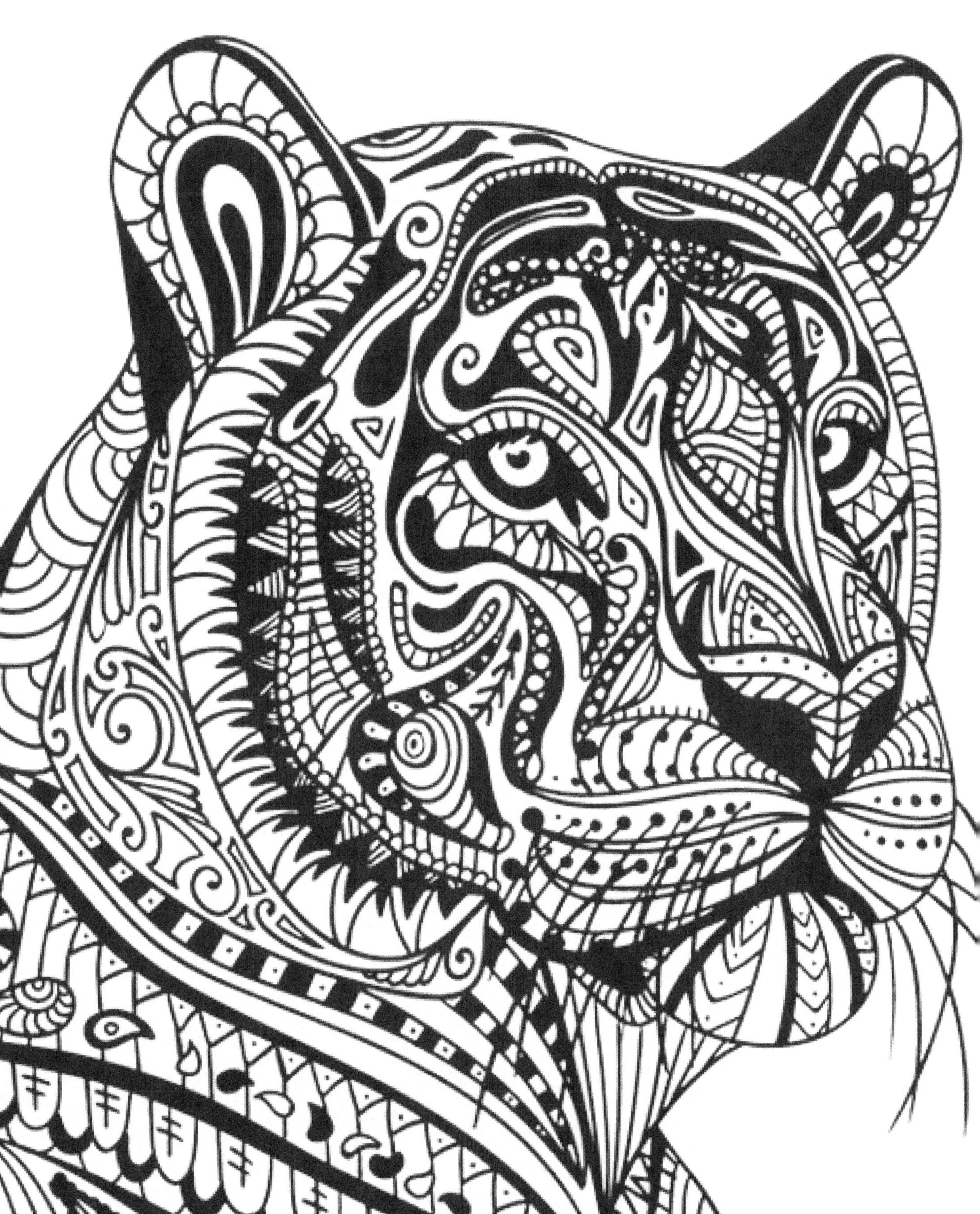

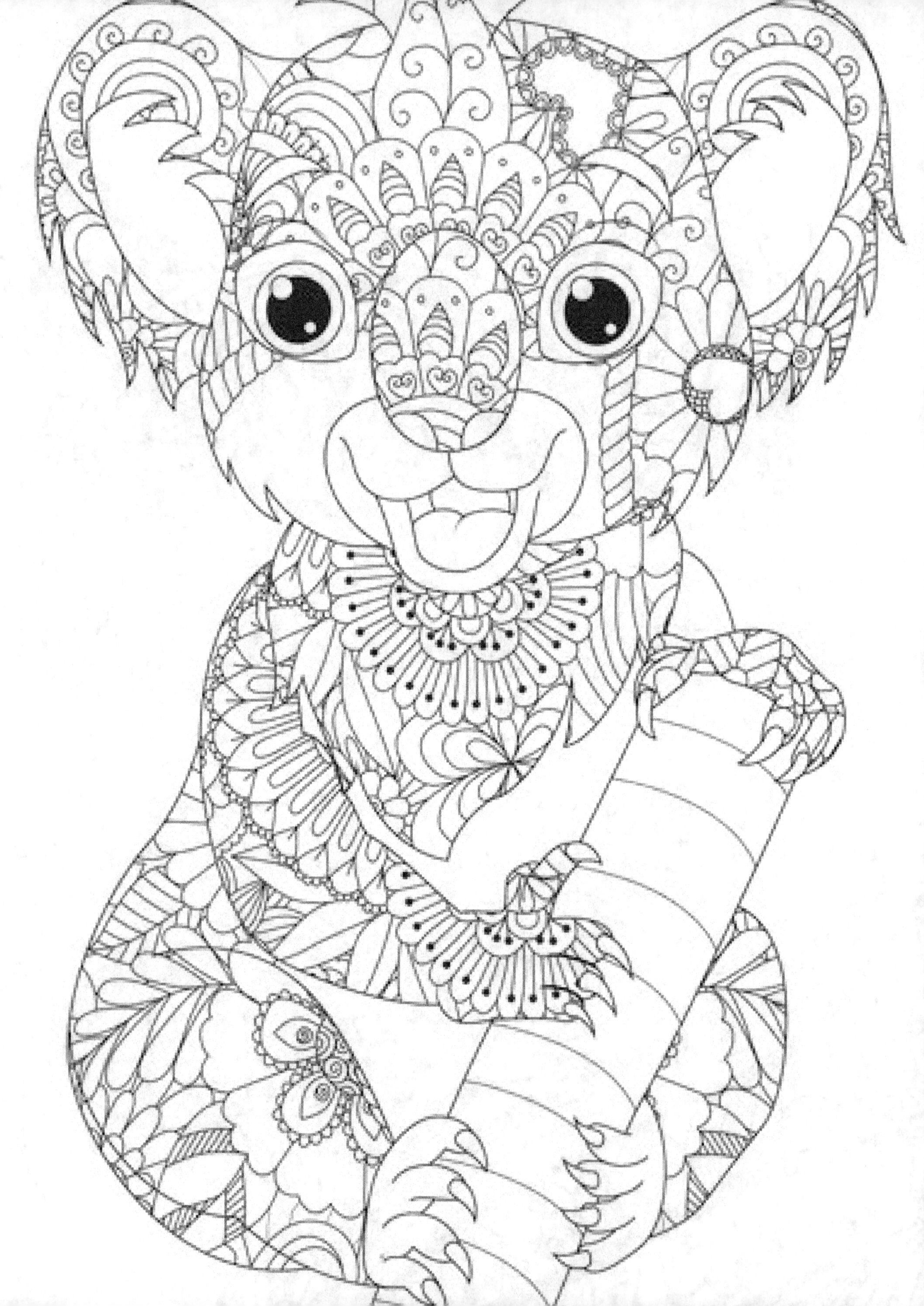

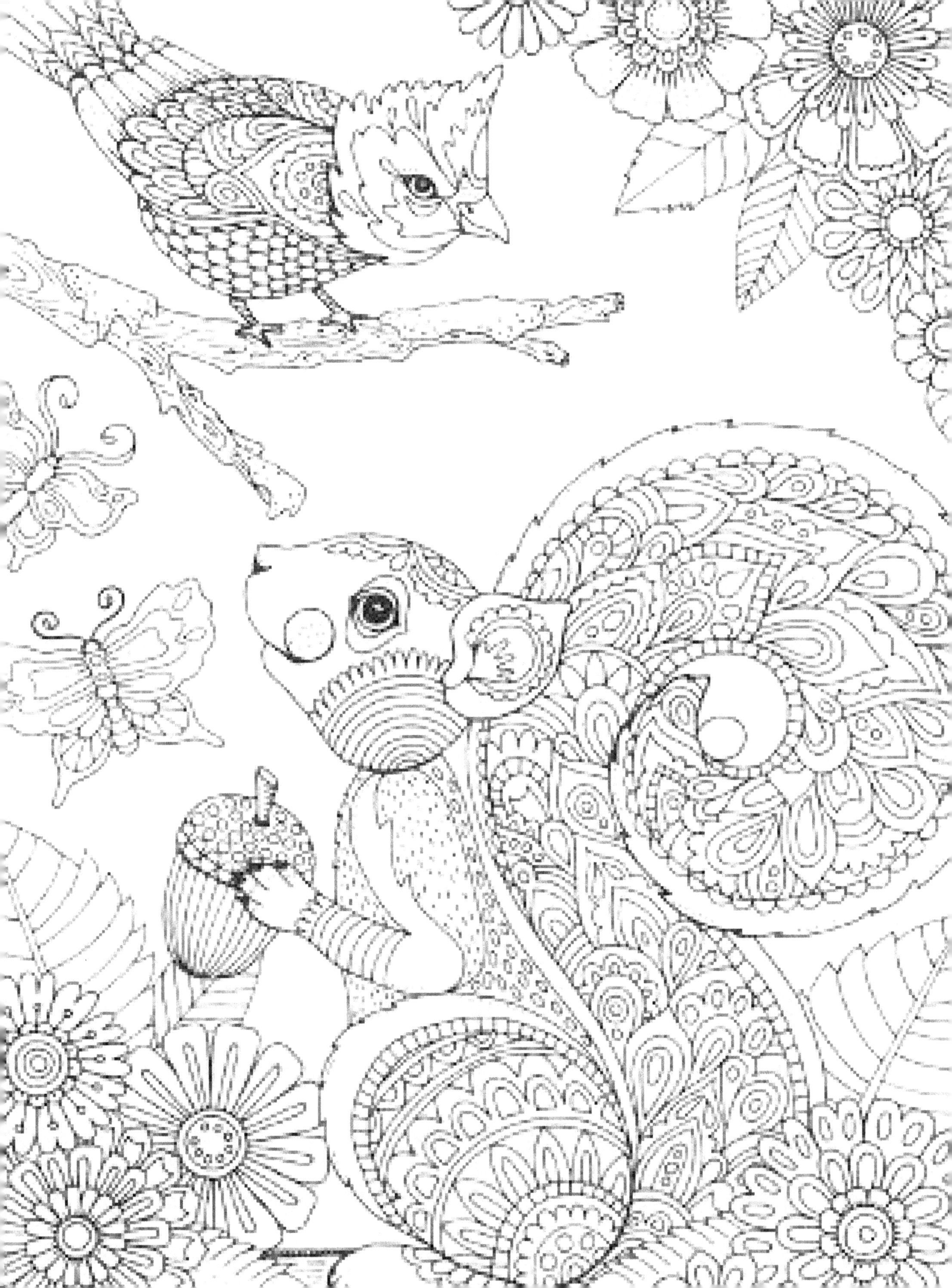

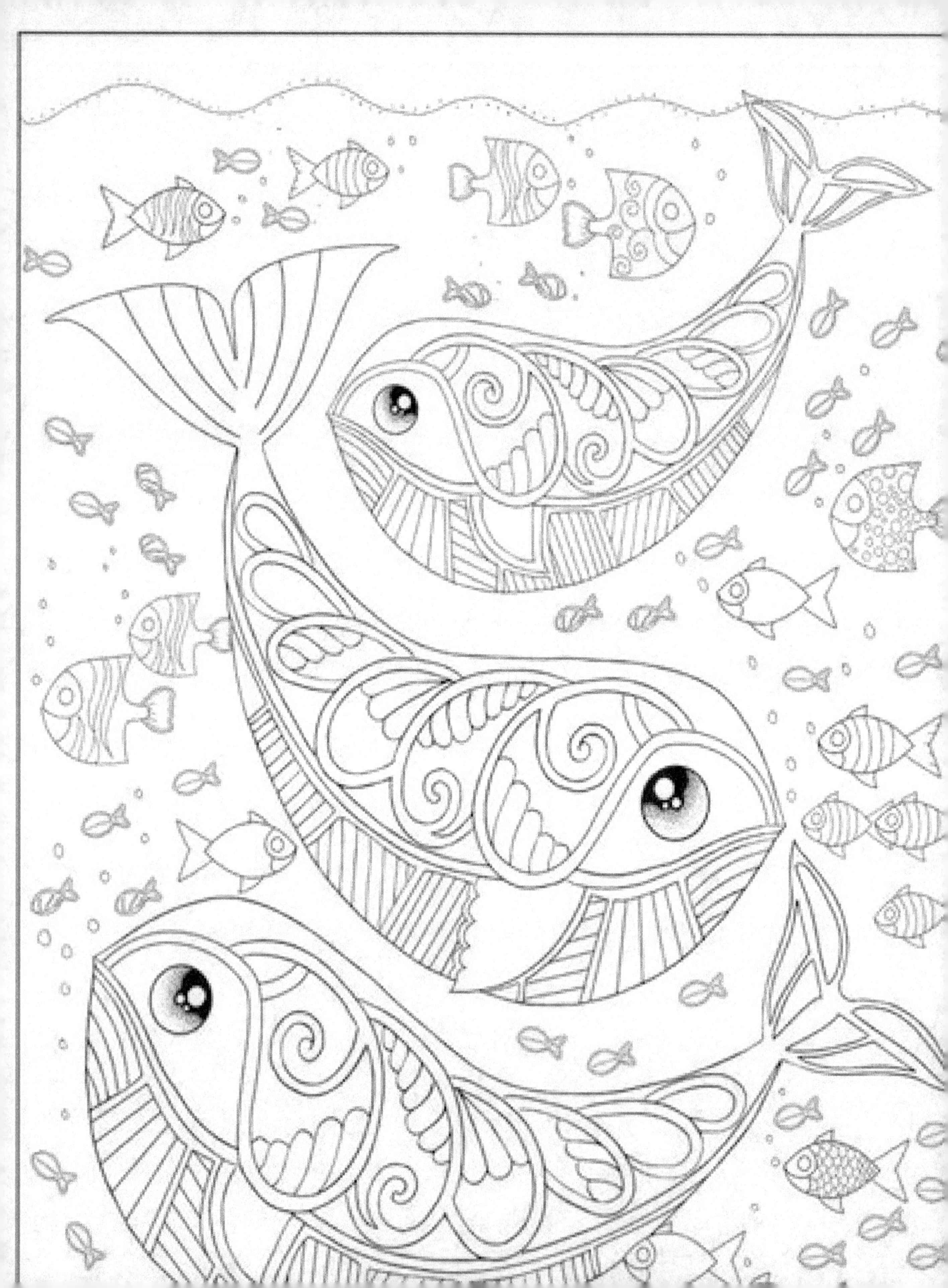

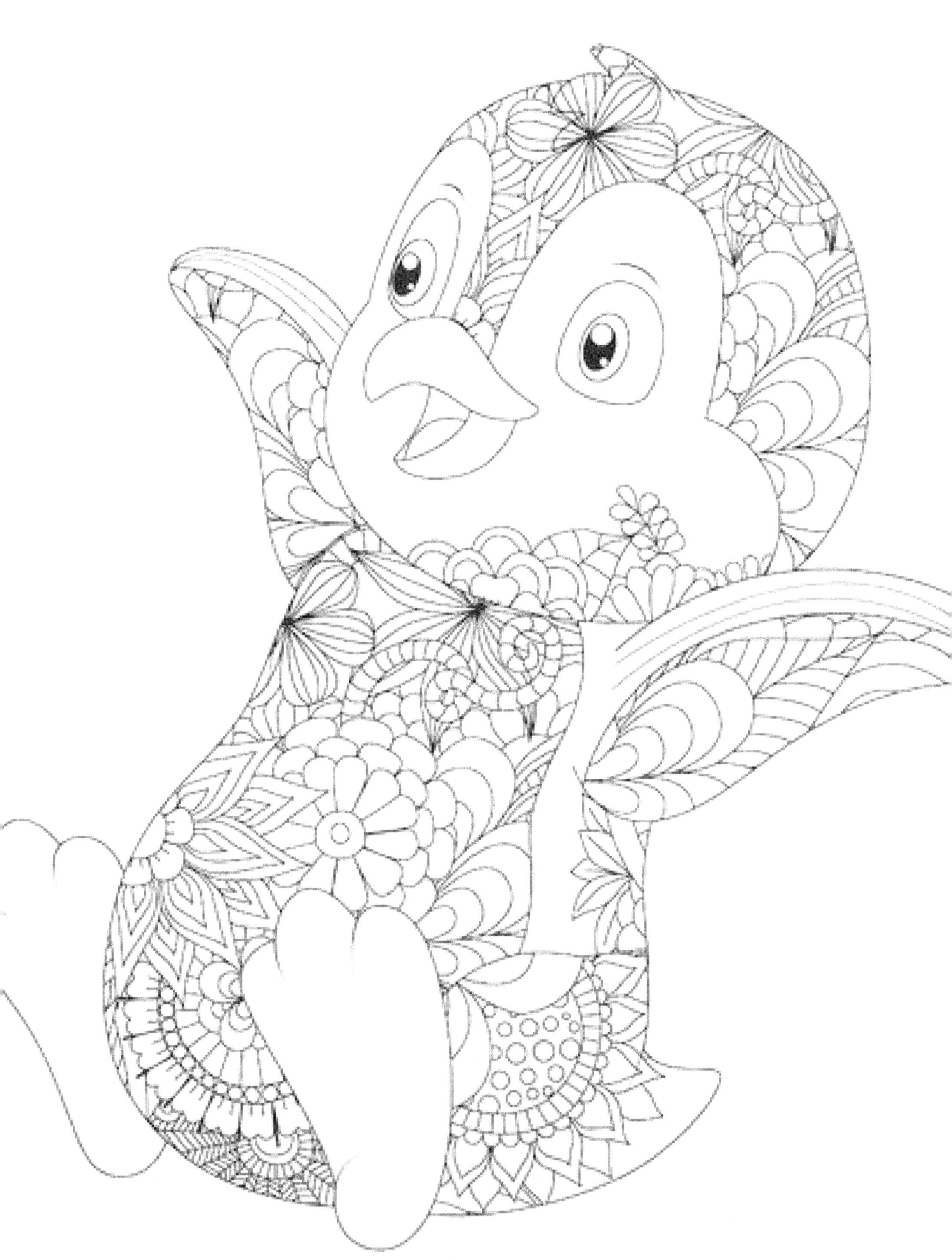

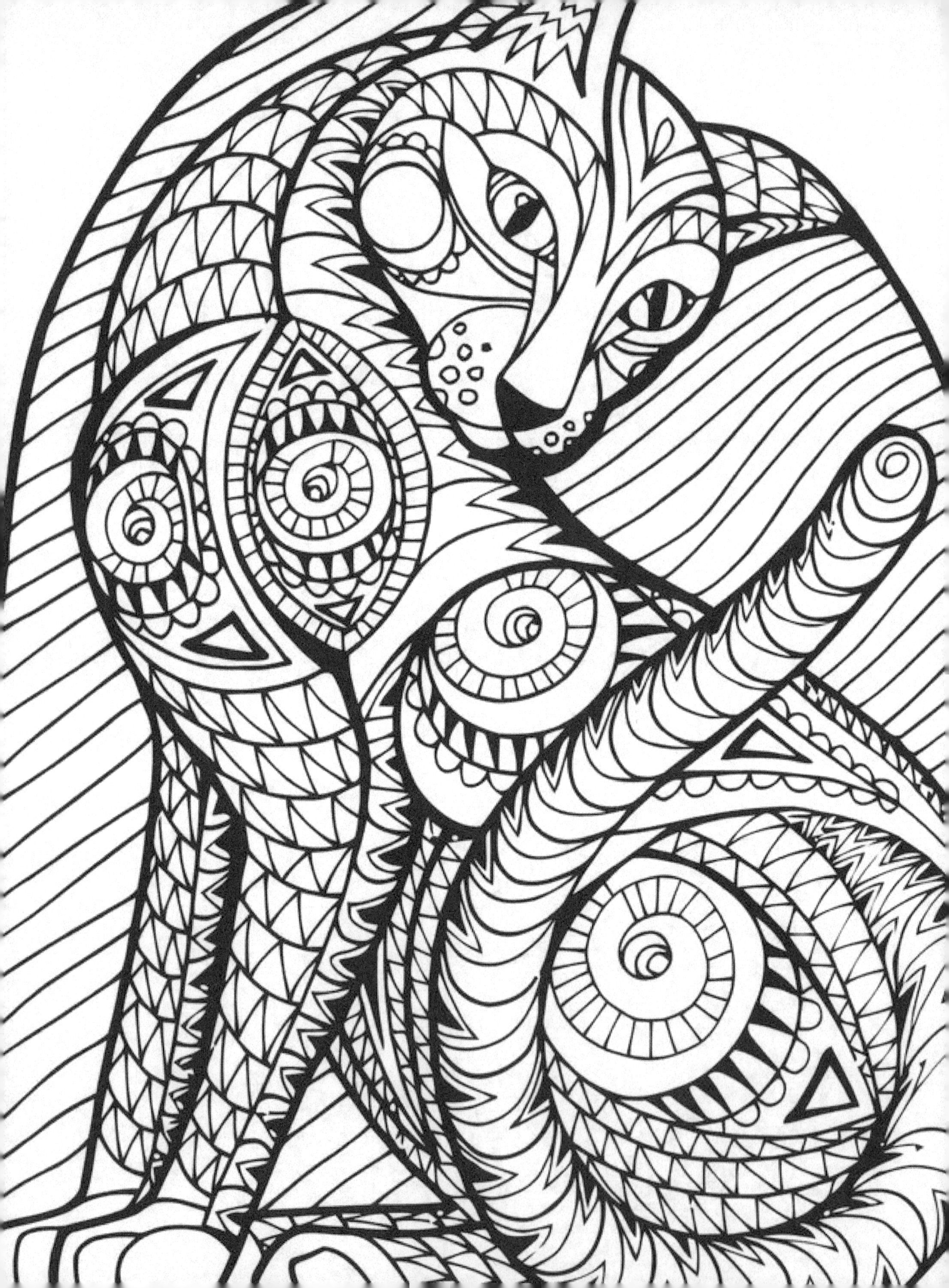

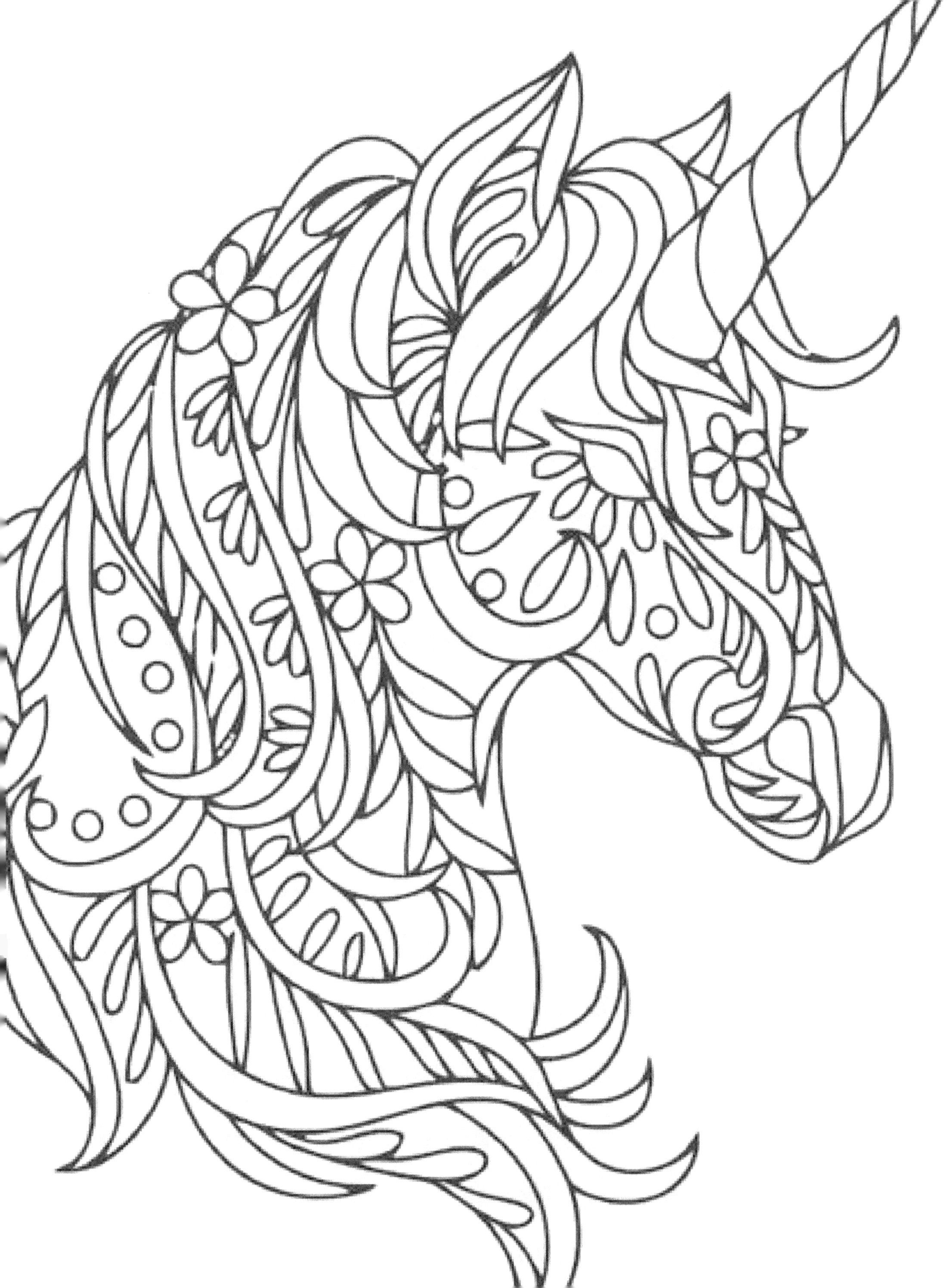

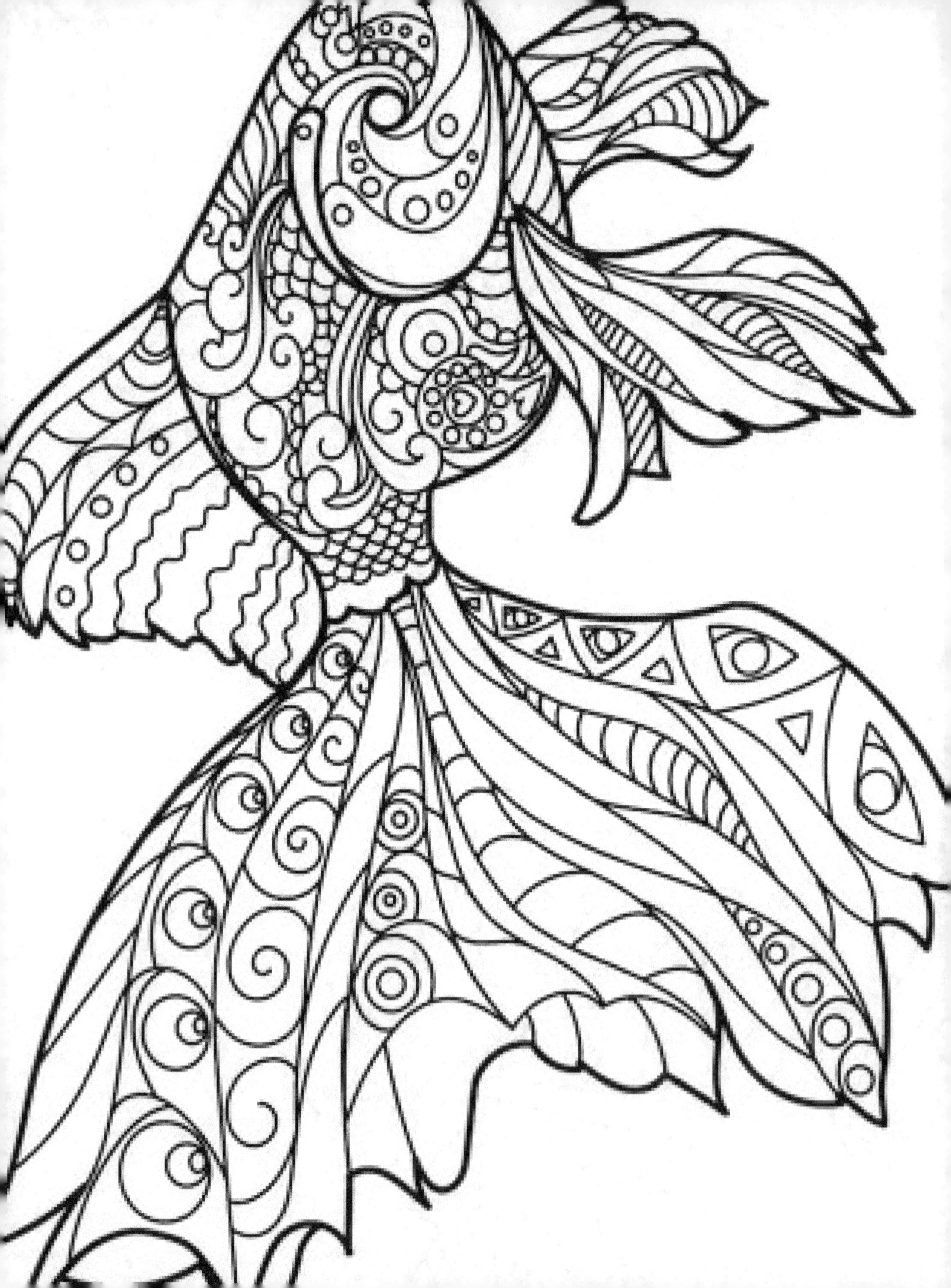

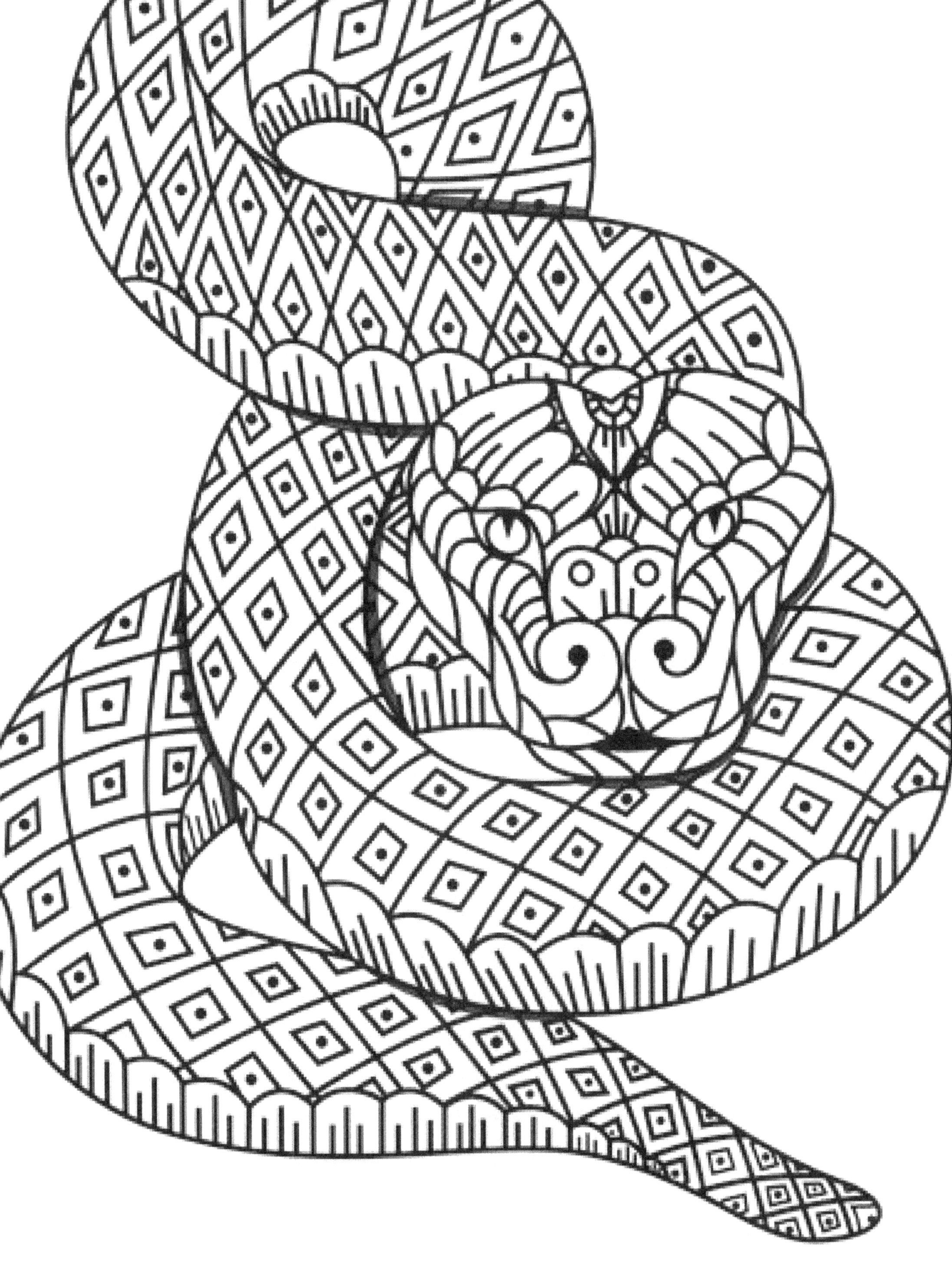

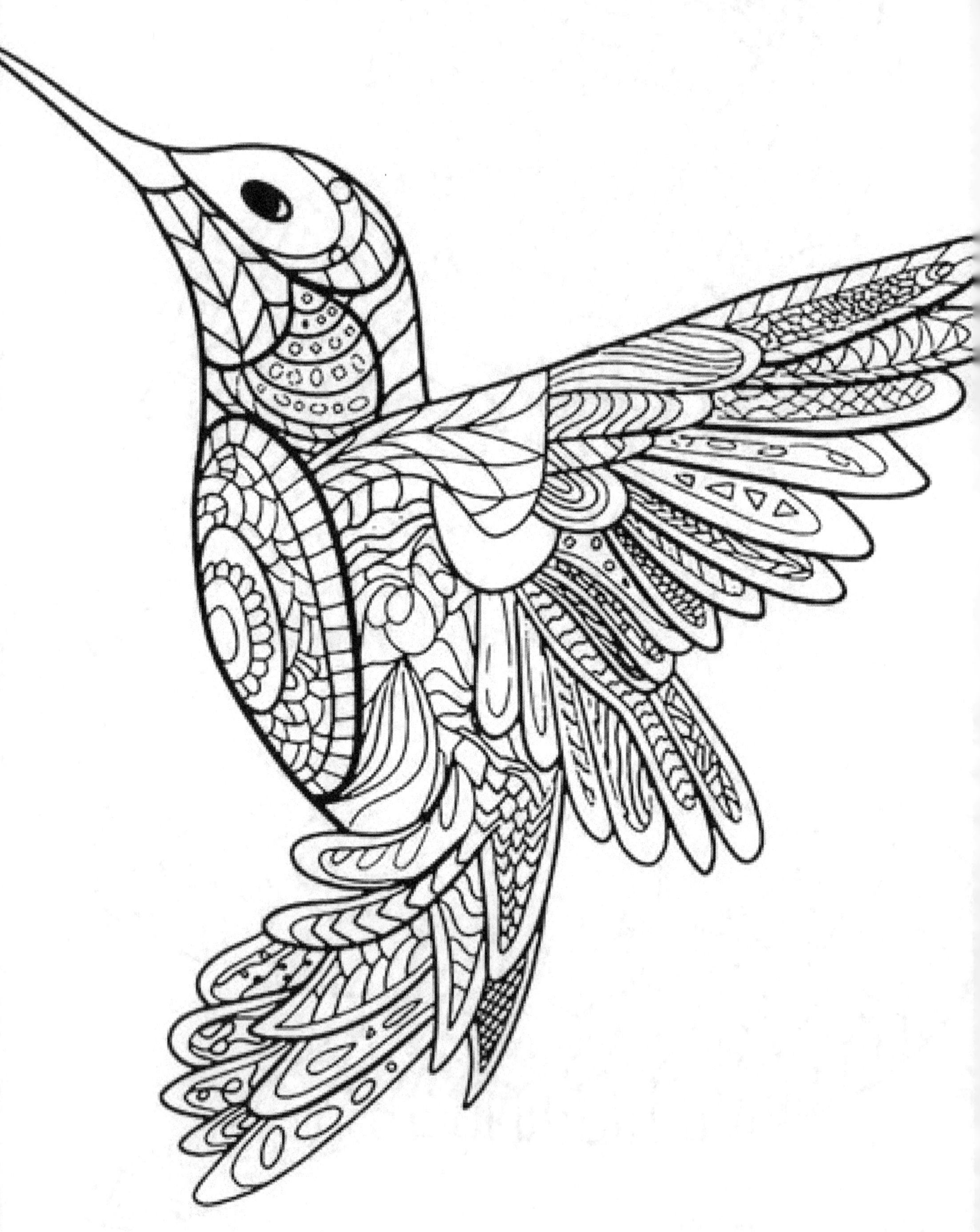

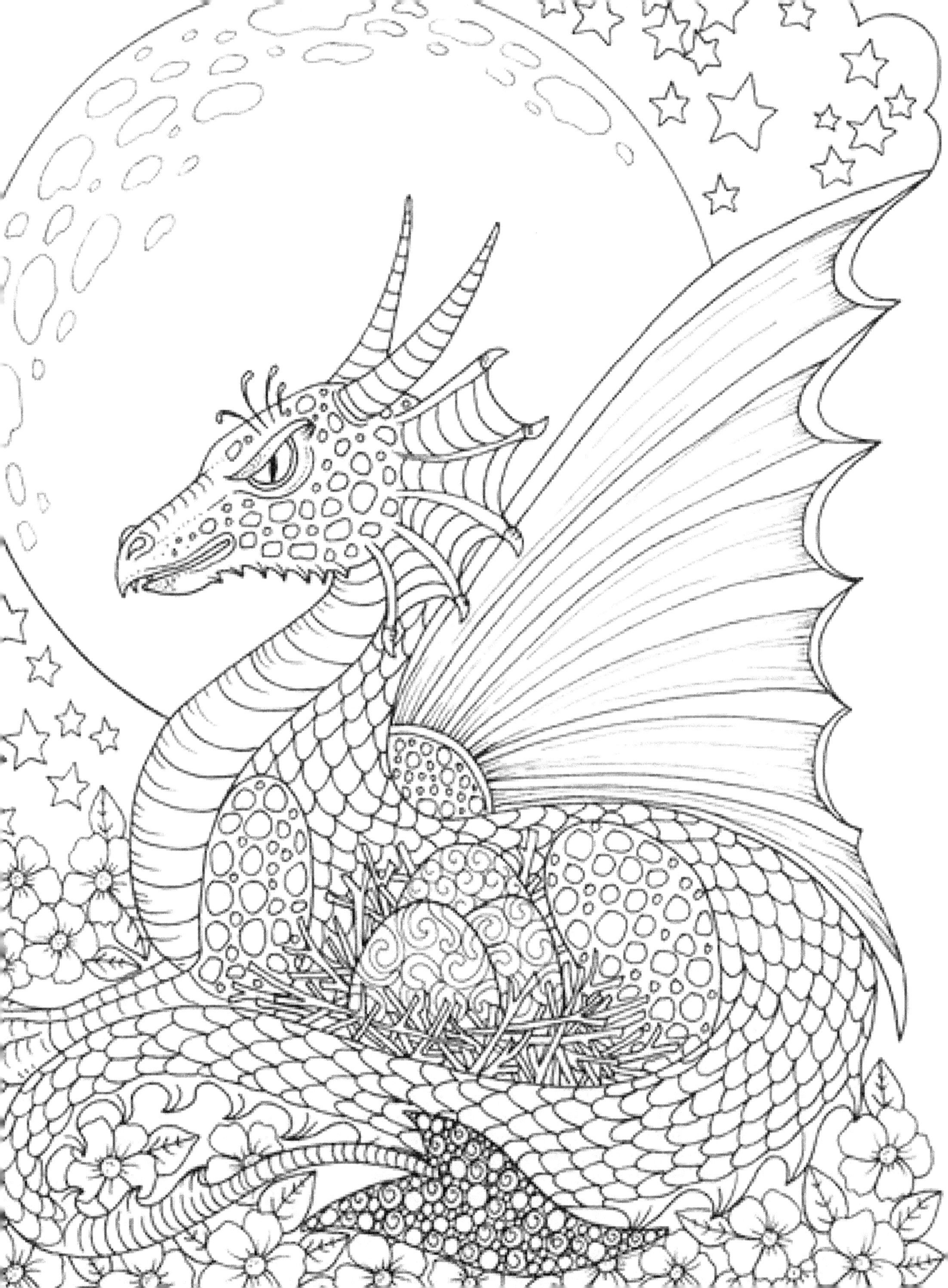

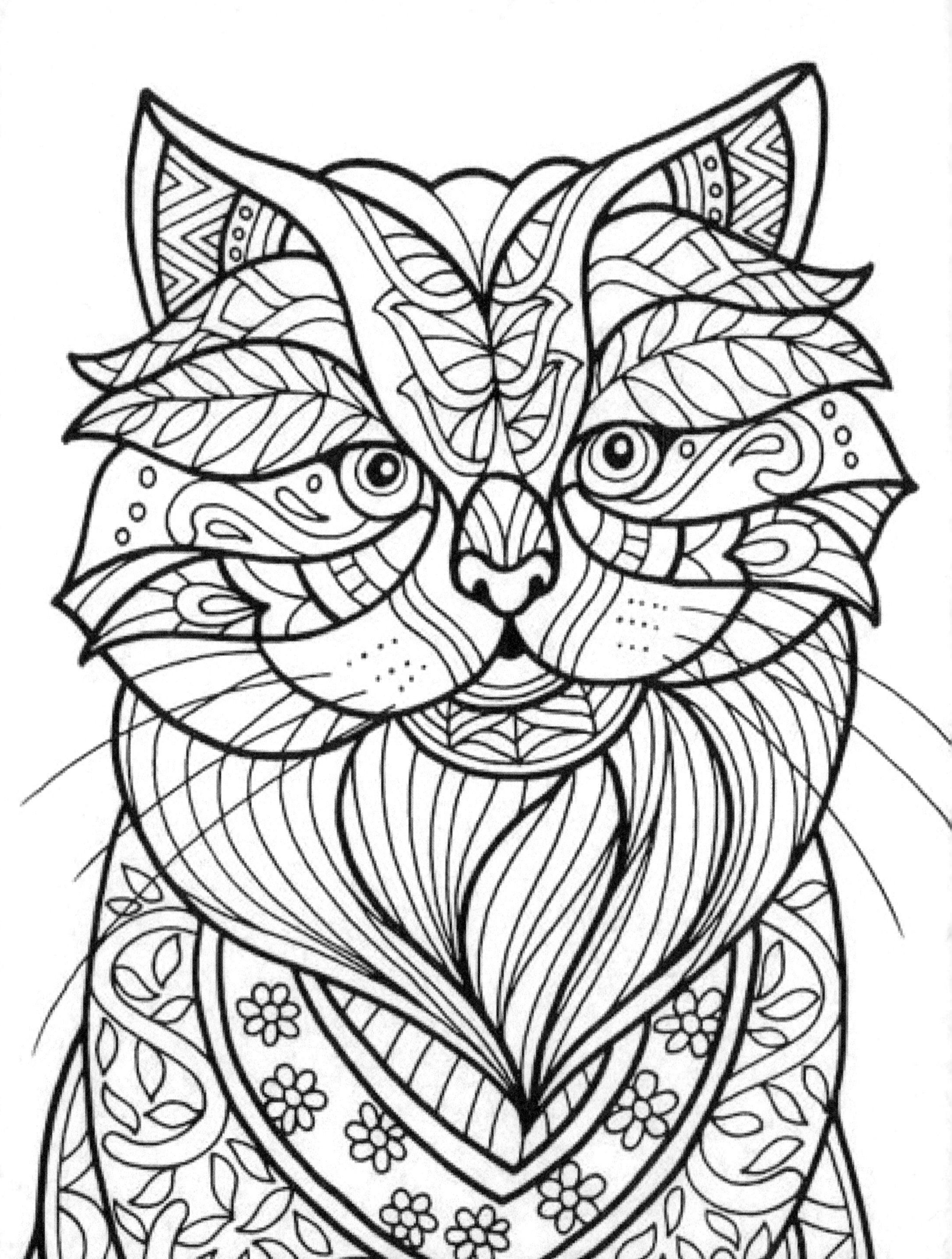

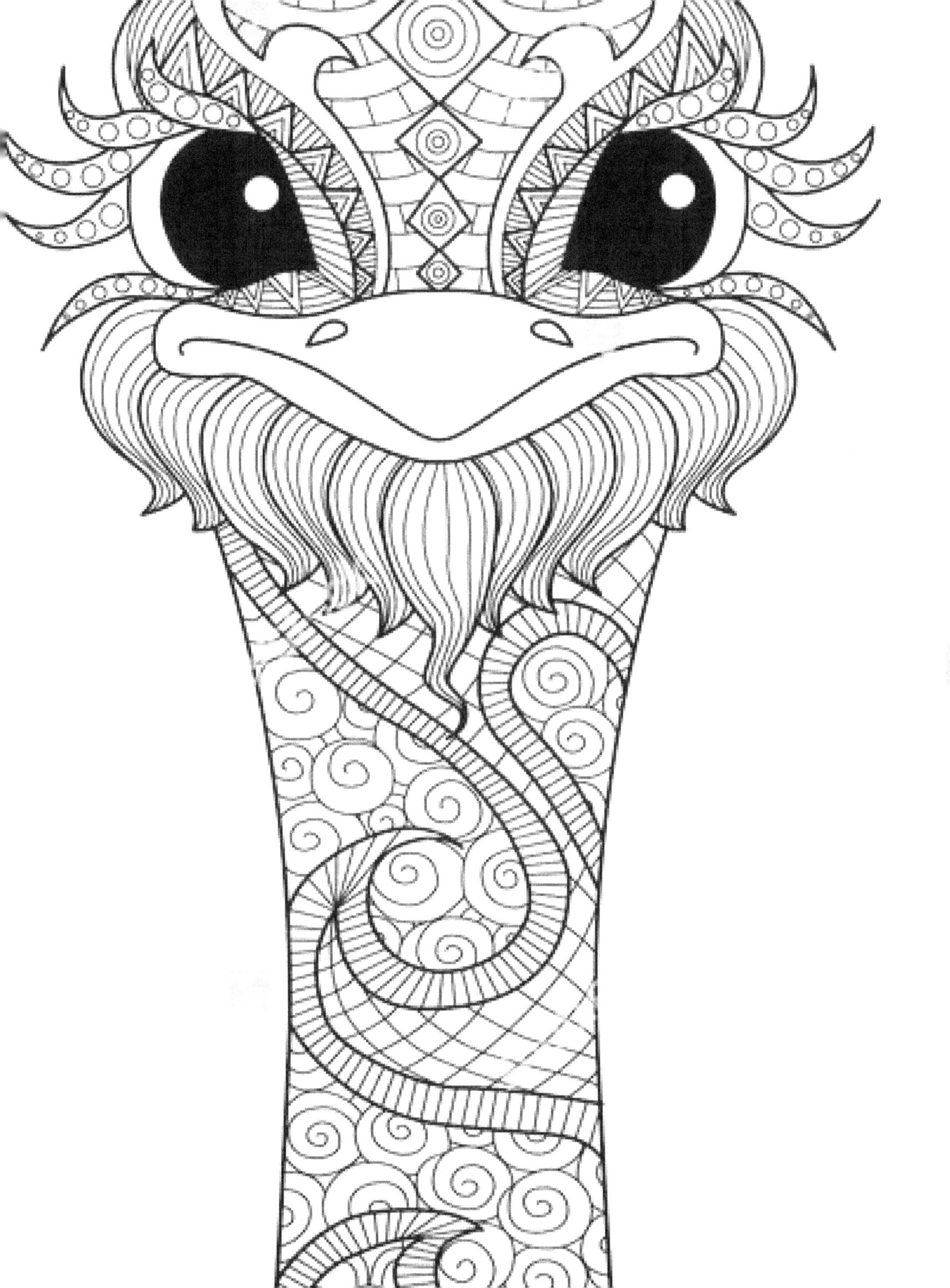

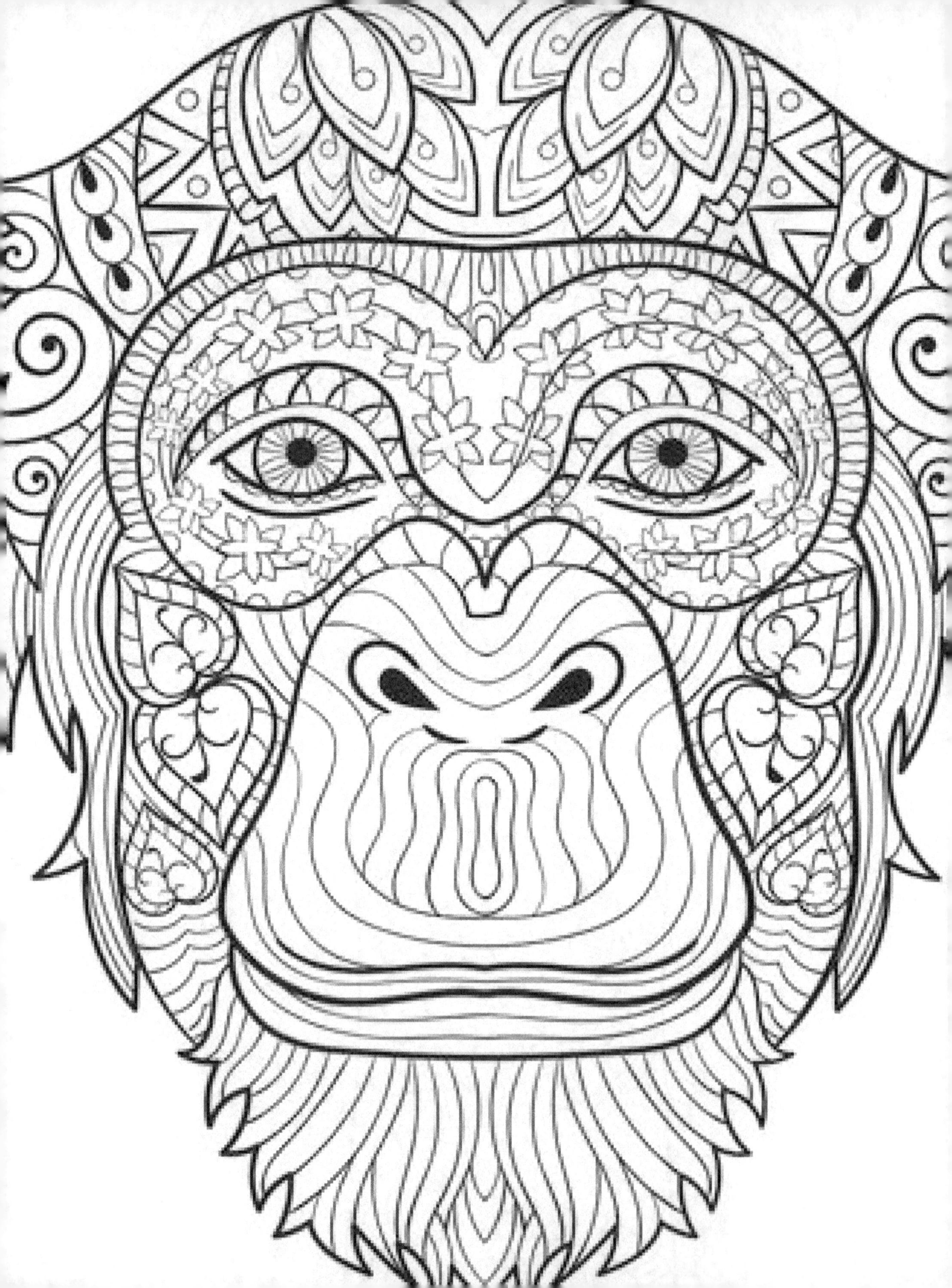

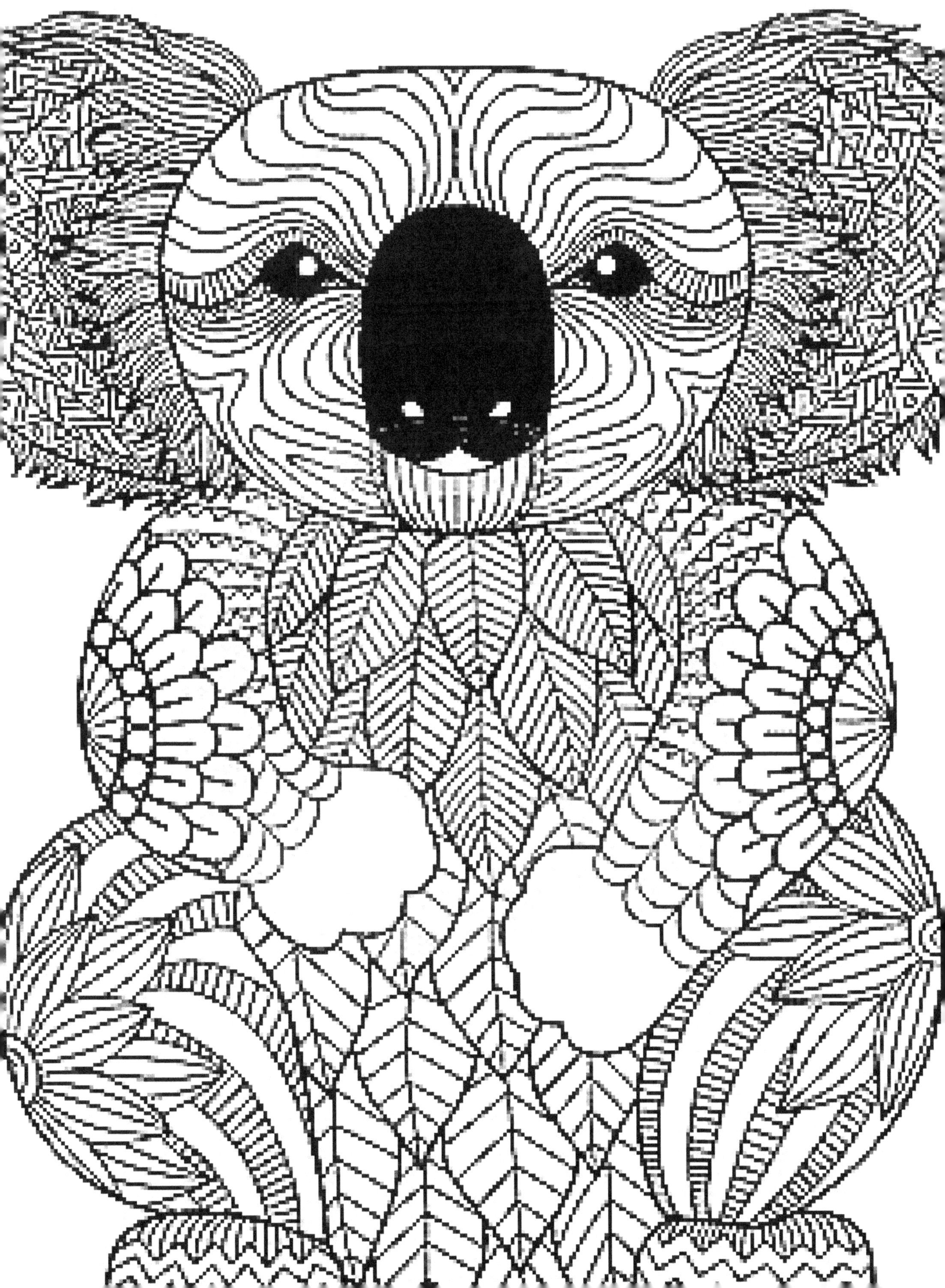

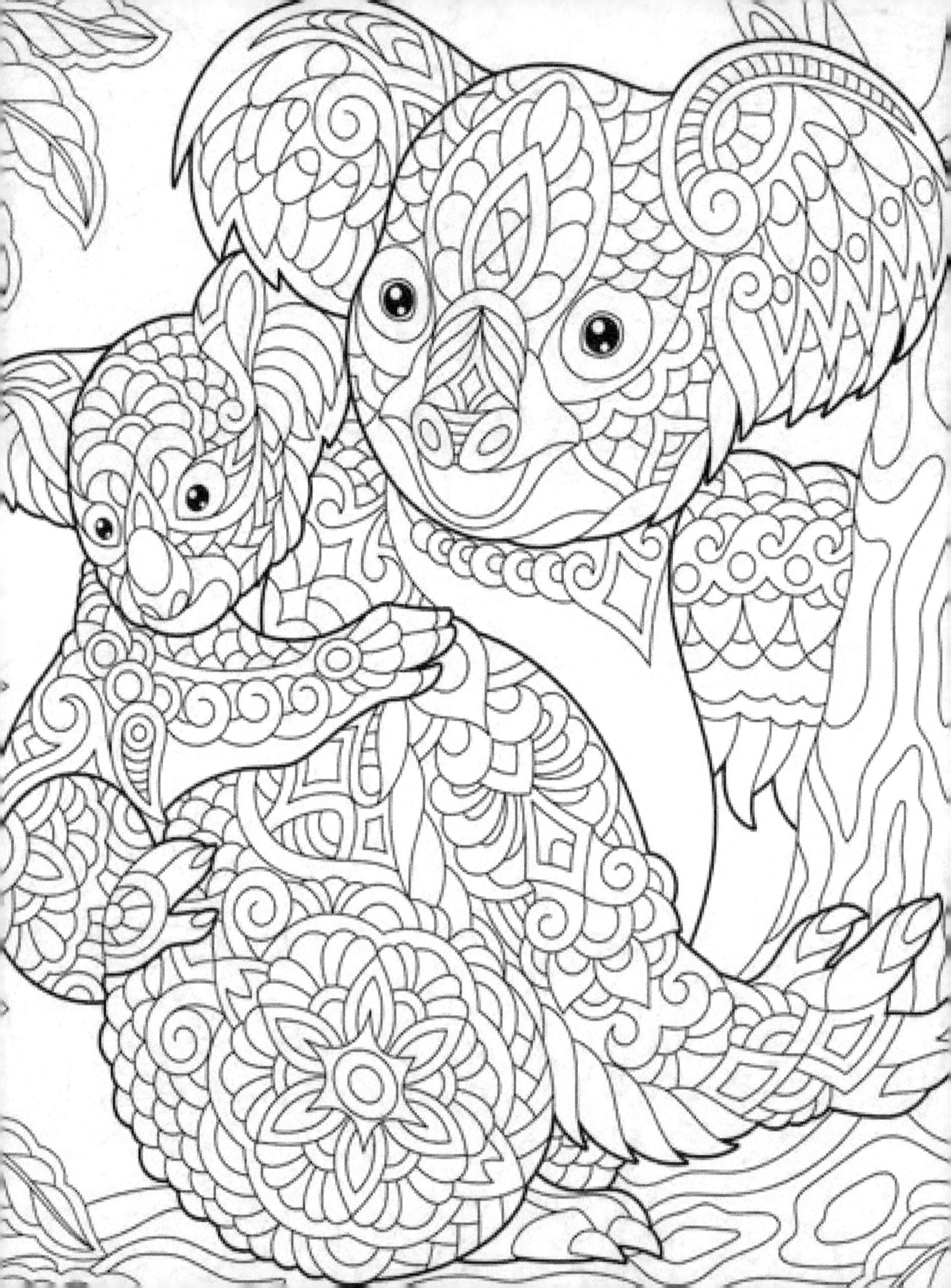

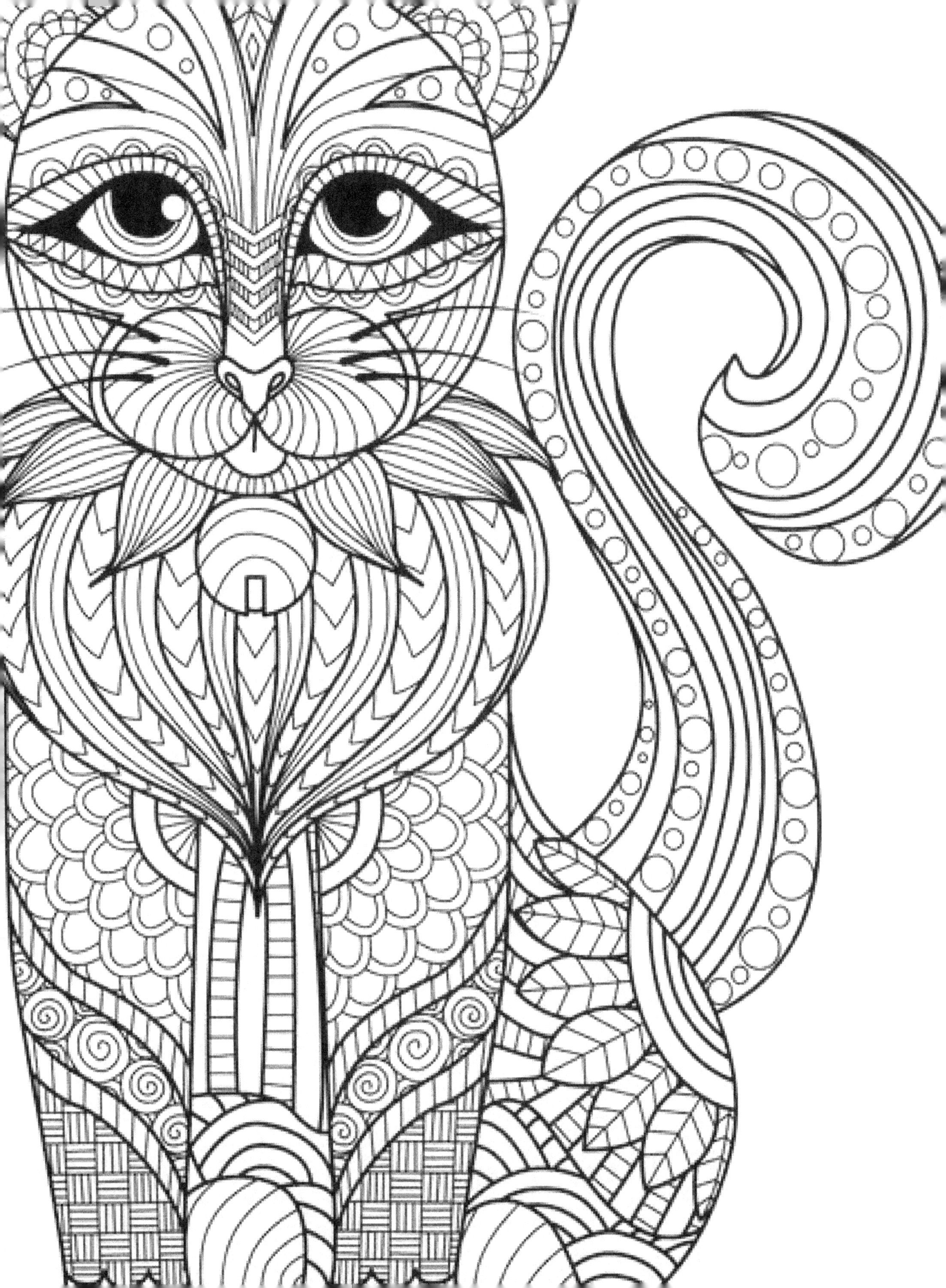